AQUARIUS

AQUARIUS

AQUARIUS

AQUARIUS

一些人物，
一些視野，
一些觀點，
與一個全新的遠景！

格十三

了不起的中年婦女

別藏了，就是你。

—推薦序—

格十三的中年婦女

文◎神老師&神媽咪(沈雅琪)

其實出版社發給我這本書稿時,我是嗤之以鼻。

「什麼中年婦女!!」

天呀!就像當年的偶像玉女突然演了個媽媽或婆婆的角色那樣讓人難以接受,我也淪落到必須寫中年婦女的書了是嗎?

哭個三天三夜才接受這個事實,看到書的內容,竟然點頭如搗蒜,是呀!是呀!!我就是這樣,我就是這樣,每一篇都寫到我的心裡去。

我的天,整本根本就是在寫我哪!

人生唯一一個包，塞不下我的頭痛藥

看到她寫：「**誰沒有幾個透支了幾個月薪水買來的奢侈品？**」想起完成碩士學位那年，偷偷地用積蓄從德國訂了個ＬＶ包包想犒賞自己，以為神不知鬼不覺，跟宅配約了工程師老公不在的時間送貨。

沒想到宅配大哥延後了寄送，吵醒了午睡的工程師，還附上六千多元的稅單。看見工程師一手拎著我的包，一手拿著稅單，他那時為了一個包想殺人的眼神，讓我到現在都還餘悸猶存……

那美到發亮的ＬＶ塞進奶娃的衣服以後，重到讓我手快要脫臼。每個格子塞滿了奶嘴、尿布、奶粉，竟然沒有一絲空間塞得下我的頭痛藥！

一手抱小孩，一手背ＬＶ，手臂還得掛上媽媽包……幾天下來腰痠背痛，只好把包包束諸高閣，只能在更衣室裡用厚厚的防塵套包著。

人生的唯一一個包，就只剩下偶爾翻開來滿足一下虛榮的功能。

為了弄好一個家，什麼都會了

十幾年前買房子的時候，買了房子、裝了冷氣以後，手上剩下的錢根本不夠做裝潢，我只好跟木工師傅自告奮勇，每天下班後，到新家去幫忙磨噴好底漆的飾板；買了幾加侖的油漆把整棟房子刷過一遍，只為了省下七萬元的油漆工。

頂樓漏水，我買了高壓清洗機把磁磚仔細地洗過兩遍、防水漆刷了五層，省下五萬。水管塞住，買工具通了兩個小時，髒水噴得滿臉滿頭都是，省了六千……

想想自己為了弄好一個家，什麼都會了，真是十項全能，替家裡省下這麼多錢。看到自己也是書上寫著「**夠爺們**」的女性，實在太賢慧，不禁驕傲了起來。

帥氣挑戰三十分鐘上菜

每天下班後，載著我和妹妹的三個孩子去買菜，回到家先洗米煮飯，在客廳布置個安親班，叮囑小孩們乖乖寫功課和評量，把雞腿放進鍋裡去熬湯，炒個肉燥放進電鍋去燉煮，再開始吸地板、清貓砂，趕緊挑菜洗菜殺條魚，要成為人稱「三十分鐘完菜的神老師」真不是蓋的。

總算在兒子踏進家門時，把八個人的晚餐搞定，鋪上四菜一湯，囫圇吞完一碗飯，開始收拾像是大戰後的廚房。

當我終於能在沙發上靠個幾分鐘時，聽到工程師的車子進車庫的聲音，趕緊跳起來，把涼了的湯熱好，把電鍋裡保溫的菜拿出來，幫他盛碗飯。

工程師上樓看到我，只問：「穿洋裝這麼漂亮，要去哪？」

嗚！老婆我是下班回來沒有時間換衣服，不是打扮漂亮要出門呀！

我是硬核老母，我驕傲

我就是書上寫的「**硬核老母**」：

一邊炒菜，一邊寫篇文章罵主管。

殺完魚，趁著魚在鍋裡煎，趕緊回到電腦前回回網友的訊息。

踩上高跟鞋去演講，回家照樣清貓砂、吸地板、看看孩子亂七八糟的功課……

中年婦女就是有三頭六臂，沒有時間可以慢慢單工處理任何事，只能一人當三人用，所有事情處理完，再來看似悠閒地陪晚歸的老公吃個飯。

人生，不就是天天磨，天天練

每一次去演講，總有特殊孩子的媽媽上前來抱著我痛哭，問我：「要怎樣接受孩子的遲緩和障礙？要怎樣接受孩子考個位數的殘酷？要怎樣接受別人異樣的眼光和批判？」

看到我這樣看似毫不在意又從容面對的樣子，絲毫不受別人想法的影響，好像我天生就準備生個特別的孩子。

其實，不就是天天磨、天天練。

一張零分考卷看個十年，被爛嘴傷個幾十回，當一切成了習慣，傷口掉了痂就成了醜醜的疤，沒有更利的刀好像還真的劃不開它，還能引起心裡的任何漣漪嗎？

很多生活上的不容易，就如格十三說的：「**看多了也就那麼回事，你不把它雲淡風輕地帶過，還準備留著當下酒菜嗎？**」

經歷了這麼多，不選擇性忽略地遺忘，就只能準備和著淚水吞憂鬱症的藥，抑鬱終生了。

中年夫妻的感情，像倒吃甘蔗

看完格十三描述夫妻中年的婚姻關係，我很感謝自己的婚姻不一樣，有如倒吃甘蔗。每天早上，工程師會特地早起，趁我上班前泡杯茶，讓我帶出門。晚餐吃完，他會收桌子，牽著我的手去倒垃圾。出去吃飯時，他總往我的碗裡夾菜。每個週末安排行程帶我出門去玩耍……

我覺得要維持兩個人的互動不難，中年的婚姻少了熱情，需要多一些用心經營、體會對方的付出，在看似平靜的湖水中，常常製造一些漣漪，這才能有不同的風景。

了不起的中年婦女

格十三的書讓人療癒又痛快，有種和十三是哥們的感覺，真想跟她討論一下補牆面裂縫的眉角。

我驕傲地說，沒錯，我就是個身懷絕技、身經百戰、無事不能的中年婦女！

目錄

第一章 給我一個中年婦女，我可以撬起地球

第二章

你看天邊那朵雲，像不像我老公

目錄

第三章

誰誇我娃，誰就是我朋友

第四章

別得罪中年婦女，她們狠起來什麼都學

目錄

第一章

給我一個中年婦女，我可以撬起地球

—1—

「爺性」中年婦女

就在一個又一個自己都難以置信的成長中，我們變成了「鋼鐵戰士」。

在一九九〇年的一齣戲中，女主角說「時代不同了，男女都一樣」，男主角則說「拉倒吧，實在不行了，男女才一樣」。近三十年過去了，現在的情況好像是「時代不同了，女人更強了」。

當年的我還不到十歲，斷然領會不了其中的深邃。如今我已是中年婦女一枚，想起這段哏，看看如今的自己和身邊人，不禁笑中帶淚，淚中帶著一股自強不息的仙氣。

要說我們中年婦女到底是如何一步一步強大起來的，一下子還真說不上來。可能就是**在一個又一個自己都難以置信的「成長」中，變成了鋼鐵戰士**吧。

給大家講一個小故事。

前陣子，有一天夜裡，睡夢中的我被一陣刺鼻的油煙味熏醒了，一看時間凌晨一點半，不知道哪家奇葩這個點還在炒菜呢。扭頭一看旁邊呼呼大睡的老公，穩重得像個一百公斤的嬰兒，他這鼻子大概是塑膠做的，這麼重的油煙味居然影響不了他的睡眠。

要是年輕十歲，我非把他一腳踹醒。年輕女性一般都「報復心重」，別管什麼事，無論誰的錯，只要是我不舒服了，都是老公的錯，我沒法睡，你也絕對不能好好睡。

但是現在的我不這麼做了，**我已經和其他中年婦女有一樣的境界：我和男人並沒有太大區別啊**，反正大家都五十多公斤。

於是我自己爬起來，走到廚房，此時空氣裡已經到處瀰漫著濃重的油煙味，我只好打開抽油煙機，再把每個房間的窗戶打開，房間裡瞬間橫灌著來自四面八方對流的西北風，頓時清新舒暢。

一個中年婦女，大半夜的，披頭散髮，衣不遮體，站在西北風的圓心，氣貫山河，靈動飄逸，目光呆滯，神情凝重。

我心裡盤算著油煙廢氣中的硝基多環芳香烴濃度超標了多少倍，致癌機率提高了多少百分比，苯和氮氧化物濃度引起肺病的可能性增大了多少，深夜起來這一趟從裡到外的收拾導致感冒發燒的風險增高了多少……

迴旋的西北風夾雜著濃濃的劣質分租房油煙掠過我的每一寸肌膚，我突然想到這毒氣可能已經飄進了兒子的臥室，於是趕緊狂奔過去打開孩子的房門，三個氣沉丹田式深呼吸，發覺沒有太大異味，又趕緊關上門，翻出舊毛巾堵住了他房門的縫隙，塞得嚴嚴實實，這才放心。緊接著又馬上從窩裡抱起小貓，把牠帶到窗口讓牠換換氣，免得牠在廢氣薰陶中沉澱出什麼怪病。

做完這一連串精神與肉體的苦力，我發現我已手腳冰涼，四肢發顫。在確認油煙味已經全部散盡之後，我把兩台空氣清淨機扛到了房間正中央，再關好每一扇窗戶，帶著一肚子憤恨和「明天再這樣就報警」的誓言，爬回床上。

這張床真是一個世外桃源，床上那位先生不知今是何世，乃不知有漢，無論魏晉。一百公斤的嬰兒在睡夢中露出了甜美的微笑……

這時我想到了電影劇情，男主角對瑪麗蘇無微不至的關懷，事無巨細的照料，身先士卒的勇猛，瑪麗蘇瞪著呆萌的大眼睛，來不及思考一切，一切已經圓滿完成。再看看此時此刻的我……行，你才是瑪麗蘇，我是霸道總裁，這種半夜起來苦幹一個多小時的事就讓我來吧。

第二天早上我的氣還沒消，本打算讓一百公斤的睡神好好根治一下油煙問題，結果人家一大早急匆匆上班，精神抖擻、氣宇軒昂地掐門而去。

剩下我一個人又開始獨自在風中凌亂地想像著廢氣對我家的毒蝕，愈想愈悶，絕不能再姑息共用煙道這個巨大隱患。這天上午，我打了好幾通電話詢問物業和水電工師傅，切磋良久，發現這並不簡單，需要先把吊頂拆了，堵住共用煙道，重新開個獨立排煙孔。

在這個討論過程中，我瞭解了拆吊頂、打洞、裝止回閥等純爺們工藝，覺得自己又進步了。畢竟像我這樣既不會繡花也不會織毛衣的婦女，如果再不懂專業打孔和拆裝吊頂，那我對社會也就沒有什麼價值了，會很頹廢。

手忙腳亂中，我還為第二天公司培訓會議重新整理和裝訂了之前漏掉的六十六頁報告，在小助理失蹤、同事個個沒空、主管不斷催促的情況下，在電腦、印表機、掃描器的矩陣之中，完成了一件五人小組才能做完的工作。晚上回到家，繼續研究我的「拆吊頂」和「止回閥」事業……

過了兩天，我和我的幾個好朋友一起喝咖啡，說到這件事情，其中一個單身男性的第一反應是，「你應該叫你老公去做這些事呀！」

一個已婚女性朋友脫口而出，「止回閥一定要買不鏽鋼的，抽油煙機自帶的塑膠零件也最好換掉，時間長了都不管用了，淘寶有，我把連結發給你……」

另一個剛生完寶寶沒多久的朋友不淡定了，「男人結了婚會變得愈來愈笨，愈來愈懶，慢慢地變成啥都不會，啥都不想學會。就比如我老公，**平時就沒什麼主意，一到緊急關頭更變成傻子**。他爸媽在國外旅行轉機時碰到問題，叫他打電話去溝通，他瞬間呆若木雞，完全沒方向，束手無策，要不是我左一通電話右一通電話，國際長途打了幾十通，他爸媽現在還在歐洲徘徊著呢。所以這種拋頭露面的事，現在都得我一個女人出去做。」

一群男人目瞪口呆，而在座的中年婦女們紛紛表示這都不算什麼，早就習以為常了。

小路和稀飯是我的兩個最要好的朋友。推薦止回閥的是小路，總結出「男人婚後愈來愈懶」的是稀飯。我們之所以能成為好朋友，大體也是因為**不知從什麼時候起，彼此發現對方都是那個「夠爺們」的女性**，才有了最硬核的共同語言。

不過，像我們這樣的全能型老婆，真的也算國家棟梁了。**有了我們，中年男人們都能安心**

地去創造GDP，而我們中年婦女都在安心地創造GDP的同時，安心地解決每家每戶的後顧之憂。

這樣細細一琢磨，這屆婦女真不行，社會分工不明確，該自己做的必須自己做，不該自己做的也必須自己做。不過，大多數中年婦女應該內心非常篤定，無法想像這世界上還有我們做不了、非得求助於男人的事（除了自己滾不了床單）。

說起滾床單，對很多中年夫妻來說都快成了mission impossible了。

中年婦女生活重心轉向了孩子，很多人在有了孩子之後就開始夫妻分房睡了，各自工作上亂七八糟的事一大堆，自顧不暇，中年婦女還要和年齡抗爭，對老公同樣像是變了一個人似的，沒了溫柔和矜持，多了嫌棄和疏遠，誰還有情緒醞釀葡萄美酒夜光杯，誰還有心思燭光夜曲小情調啊？

你還指望一個中年婦女像職業選手那樣，動不動妖嬈華麗地鋪陳前戲，和一個橫豎看不順眼的老公纏綿悱惻？

不存在的，你是例行（房）公事交公糧，我也不藏小金庫，大家都是為人民服務，為的是富強、民主、文明、和諧、自由、平等、公正、法治、愛國、敬業、誠信、友善。

十三說

女人的「爺性」不是什麼丟人的事，可以看作是一種進化。長久以來「女主內，男主外」的片面價值觀，使得很多人會把「太能幹的女人」當成「異類」，不光是缺乏女人味兒，更是過於強勢、不給男人面子的「可怕生物」。

時代不同了，至少在大多數婚姻生活中，尤其是育兒過程中，媽媽的作用是決定性的，集「宏觀調控」與「微觀操作」於一身，往往導致了已婚女人愈來愈強大，也就同時讓她們的另一半不夠強大，甚至逐漸衰退。

變強大是一件好事，但大包大攬並不是最優選擇。有的放矢，有能力做不一定必須包攬，合理分工家務，才能讓自己不那麼辛苦。

正如我的朋友所言：「**多給老公機會，等於放過自己。**」

—2—

簽字之情

人到中年的老夫老妻，最大的用途可不就是動手術的時候，有人給簽字嗎？

在「依賴性」這方面，這屆中年女性可以說是異常剛強了。

前段時間我身體不大好，經常跑醫院。人在醫院裡通常能花大把的時間用來思考、沉澱。

我問了自己一個問題：我怎麼**又**一個人來醫院了呢？

然後又問了自己第二個問題：咦，我為什麼要說「**又**」呢？

一個人跑了幾次醫院，做一連串檢查，確診要入院動個小手術。可偏偏又碰上老公工作最忙的階段。咦，我怎麼**又**說「**又**」了呢？

小路和稀飯經常說：「都這把年紀了，看病哪能叫男人陪，多不懂事啊。」

稀飯上次低血糖犯病，給兒子報補習班的路上突然頭暈，就蹲在地上歇會兒。正好老公打來電話，稀飯剛想說：「我暈在路邊了，快來救我。」沒想到老公先急吼吼地說：「我公司出大事兒了，我得趕快去工廠那邊，今天可能趕不回來吃晚飯，你們不用等我。」稀飯吞下剛想說的話，條件反射地回答：「好，知道了。」掛完電話，長嘆一口氣，幸好剛才沒耽誤老公的百年大計，否則多不懂事啊！然後自已站起來，稀裡糊塗又混過一天，沒倒下。

也不知道是怎麼回事，我總感覺，每次一趕上什麼比較大的事，豬隊友就特別忙，經常一週有八天在出差。

這次又是，我週一要動刀，人家週二出差，一出就是一個禮拜。

真是應了**中年老母界的一句箴言：「養兵千日，用時沒人。」**

我還沒來得及抱怨，他來了一句：「還算好，我週一能給你簽字。」

我想了想，還真是。人到中年的老夫老妻，最大的用途可不就是動手術的時候有人給簽字嗎？

這可能就是所謂的「簽字之情」吧。

我還沒來得及回應，他又來了一句：「要不我看看這次出差的八方談判會議日程能不能稍微調整一下。」

哎喲嚇死我了，八方會談，百年大計，公司棟梁，業界模範……作為後宮主位，我又豈能為了一已私欲阻礙這偉大而艱巨的事業呢？

萬萬不可啊，開個小刀這種事，就當是切菜的時候割到了手，能勞師動眾嗎？不能，**我們**

中年婦女最大的優點就是懂事。

除了簽字需要人，其他困難基本能自己克服，平常日子裡不管是修修補補的小困難，還是看病治病的大困難，凡是能自己上的，盡量不拖家帶口。

每天能演好一個懂事的中年婦女，可以說是整個家族的福氣了。

我爸媽積極配合豬隊友，「工作也重要，這手術不是什麼大問題，你去吧去吧，這有我們呢。」

永遠不會在關鍵時刻漏氣的人，可能只有自己的爸媽了。

我這點小事說出來可能根本上不了檯面，周圍朋友的經歷更是令人拍案叫絕。

有一位中年老母，帶病給娃輔導完了功課後，自己跑到醫院打點滴去了。她繪聲繪色地描述了當時的情景：

我換了一身最便於打點滴的行頭，大跨步地衝進了急診室，一吊就是三小時。上廁所的時候，我脖子上掛著包，嘴裡咬著手機，一手舉著點滴瓶，一手提著褲子，姿勢撩人，氣勢也絕不輸人……

朋友圈裡還看到過一些故事：

「讓老公留在家裡照看六個月的孩子，自己在清晨給自己叫了一輛救護車……」

「寒冬臘月家裡斷電斷水，老公出差，自己半夜含著巧克力抵抗飢餓和寒冷，用棉被裹緊懷裡的娃，一動不敢動……」

「遠在國外出差的老公和千里之外的父母都忘了今天是自己生日，於是一個人吃了火鍋買了蛋糕，邊吃邊打著工作報告，這種時候，眼淚是不存在的，因為騰不出手來擦，也沒空醞釀亂七八糟的情緒，畢竟還要一臉微笑和冷漠地行走啊！」

這樣的女子都有一種自帶的江湖氣質，她們每次看到那些就連臉上長個痘都要跟老公發嗲並求抱抱的女人，就像看到了尼安德塔人在灌木叢裡撓蝨子一樣，渾身不自在。

去年我媽動了一次腰椎間盤的大手術，我連續四天晚上在病房陪著，搞得疲憊不堪，趴在床邊小桌子上工作，累得頸椎病犯了，頭痛難忍。

家裡這位直男老公問我，「有什麼要我做的嗎？」我想了半天，實在想不出有什麼事是可以下放的，只能說：「沒什麼，你在家把兒子帶好就行了。」轉身再忍著從頭到腳的不舒服，照顧病床上的老媽。

出院後，我輕鬆下來開始發發小牢騷，遭到了直男反擊，「我問過你有什麼要我做的啊，你說不要啊，可不能怪我啊……」

對待直男思維，真的是一個死結。

當我回想時，發現真的有很多小事可以讓他幫忙，但當時兵荒馬亂的情境下，確實完全不知道他能幫上什麼忙。再說，把孩子照顧好，大後方無憂，不也是他的功勞嗎？所以，怪不得人，是我們自己太逞能了。

就這樣周而復始地一次次披荊斬棘，把我練得愈來愈皮糙肉厚，也愈來愈自信。

能減少一個勞動力，就盡量別多耗人力，上有老下有小的我們這代人，分身不暇，必要的時候能各自專心顧一頭已經非常難能可貴了，切忌手忙腳亂，亂成一鍋粥。畢竟每個人都有自己不得不挑的擔子，誰都不容易。

愈到這種時候，愈要理清思路，時刻記得做一個懂事的人。

我一個朋友，每次大家有點抱怨夫妻關係的時候，她就佛系地冒出來，輕飄飄地來一句：「你們啊，都太矯情。告訴你們吧，**我一直就假設自己是單身。**我老公如果為我做了什麼，那是額外收穫，都是驚喜。這麼想，你們就沒那麼多不滿意了。」

聽了這話之後，我深受啟發。

有天晚上，我在家裡陪兒子玩、看書，拖著犯病的老腰艱難踱步，而他爸呢，塞著耳機躲在書房裡聽培訓課程。我想叫他幫我拿點東西都沒聽見，更別說讓他帶娃了。我有種叫天天不應、叫地地不靈的感覺。

隊友過了片刻走出來，伸了個懶腰，「累死我了，又學了一晚上。還是你開心啊，陪兒子玩了一晚上。」

我就在心裡默念：「我是單身拖了個娃，我是單身拖了個娃。」

一轉身看到老公順手把兒子的杯子給洗了，心存感激，「多好的男人啊，樂於助人，做好事不留名！」

給我一個中年婦女
我可以撬起地球

就這樣，家庭和睦了，氛圍和諧了，吵架也明顯少多了。

帶娃的時候，中年婦女告訴自己：情緒要穩定；對待老公的時候，中年婦女告訴自己：要懂事；走上社會，中年婦女告訴自己：這屆婦女要強一點，更強一點，能自己做的就別拖累別人。仔細想了一下，除了生二寶還得麻煩男人，其他真沒啥自己辦不了的了。

十三說

夫妻做久了，看對方就如同一個用慣了的腰枕，治不好我的腰椎病，但沒有它還真不舒服。所謂「簽字之情」，就是當你不需要簽字的時候，理解不到這種最深的親情關係到底有什麼用，直到發生的那一刻，你才明白，原來，簽字之情的背後是永遠無法被取代的一種依賴。

中年女人以為自己可以不需要依賴丈夫，其實內心深處依然抱有依賴的期待。最深的愛情，可能會在多年後體現在一句「等以後進了養老院，我還和你住一個房間」吧！

—3—

中年婦女強，則國強

我們這屆中年婦女，還有什麼事沒看透？

以往，女人是一種喜歡追求「安全感」的物種，總是渴望從男人和身邊朋友身上獲取安全感。如今這屆女性，尤以中年女性為甚，則是一種善於給他人製造安全感的物種，且一名女性創造出來的「安全指數」與年齡成正比。

這種安全指數是數據化的，是具有藥用價值的，能治病。不僅能解決生理不適，還能去心病，給人以信賴、甚至信念的力量。

前面提到過我的好朋友稀飯，她是一個如同哆啦A夢一般的存在。哆啦A夢的意義何在呢？即使在飛機上，她的包裡也能掏出幾乎所有你急需的東西，除了全套文具、各色針線、口罩、眼罩、膠帶、耳塞、地圖、零食、毯子、拖鞋、N次貼、計算機，還有各種各樣的藥……

稀飯的藥包裡粗略估計有十幾種藥，不知道的還以為她是跨國搬家。如果正巧我胃不舒服，她總能意外地救我一命。

其實，以往帶孩子出行的時候，我也是這麼周全的，大包小包，各種應急備案，退燒藥、OK繃，能想到的都帶上，總有一種「意外妄想」。而現在自己出門，卻很馬虎，兩手空空，啥都不帶。

稀飯給我們做了好榜樣：**我們已經過了「光顧著孩子」的年紀，從此以後，也要開始顧自己了，逐漸從小藥罐子變成大藥罐子，以後出門要帶的東西和藥品將愈來愈多。**

仔細想想，我身邊很多中年女性還真是這樣的，已經養成了拯救世界的習慣，相當周全妥帖，比如包裡總能隨時拿出衛生棉，解救身邊的姊妹。

出門在外，和中年婦女為伍總是安全感更強一些的，因為她們經驗足、心細、周全、踏實，她們的哆啦A夢口袋是世界級文化遺產，有時更是救命稻草。

更優質的中年婦女，不僅保持軍需充足，技術能力也是一流的，隨時隨地能拉出來上前線。就比如前陣子到澳洲凱恩斯出差的幾天，身邊這位優秀的中年婦女小助理，完成了全套臨時賦予的任務：能開右駕車，會付停車費，能買菜，能烹飪，能規劃日程，能策劃活動，懂攝影，會P圖，善於穿搭指導，會挑口紅色號……我認為，**出門在外什麼都可以不帶，只要帶一枚靠譜的中年婦女，一切都搞定了。**

示弱是聰明人的生存法則
逞能是笨蛋的處世哲學

至於為什麼年輕的就不行呢？事情是這樣的，自從上次一個二十二歲的妹子吵著要給我化煙燻妝，並且給我配了鬆糕底的女僕鞋，遭到我反對之後，我被她認定為「古板落伍僵化」，我只能說，我離年輕有點遠了。

中年婦女最好的夥伴，一定是中年婦女。

今年夏天，應澳洲昆士蘭旅遊局的邀請，我和幾位自媒體部落客一起到凱恩斯做一個短期訪問。剛到凱恩斯的第一天，一個同行的九五年的妹子找我求助，「小姊姊，我就帶了一張金融信用卡，結果刷不了，取錢也取不出，現在身無分文，卡也不能用，你能不能借我點錢？」

第一，你出國這麼多天居然只帶一張卡；第二，你出國竟然不準備足夠的現金……（我們中年婦女是沒有這種勇氣的！）

然而，中年婦女天生有一種悲天憫人的特質，看到妹子這麼慘，怕她餓死，我義無反顧答應了。然後妹子說：「小姊姊，你先刷信用卡幫我把兩個GUCCI包包的錢付掉吧。」

小姊姊我目瞪口呆，小妹妹海外賒帳買奢侈品的故事有點超乎我的想像力，遠遠大過了「借錢解決溫飽」的滿足感。

年輕人的行動能力是極強的，小妹妹快速找到了我這個「付款人」以及一個當地「免稅品擔保人」，我們兩張卡一刷，小妹妹一分錢沒掏就拎著兩個包包走了。

大妹子，你的歲月靜好，是因為有人在替你負重前行啊……

看著售貨員大快朵頤地記著帳，樂呵呵地完成了關門前的最後一筆業績，我內心一萬匹羊駝奔騰而過，很想對她說：「同學，怎麼樣，看到了吧，年輕女孩的購買力都是虛假的，我們的真實國力主要還展現在我們中年婦女身上，只要我們願意，隨手刷個卡擼幾個包包不在話下。」

問題是，我們並不隨便擼。

據我所知，**大多數中年婦女一般不大會沒事花五位數的銀子買兩個豆腐塊一樣的小包。我們要買就買大的，畢竟裡面要裝得下藥。**

一場慷慨解囊的相助，我吃的是草，擠的是奶。和年輕人在一起，真的只能感受刺激和玄幻，得不了安全感。

說到買包包這件事，又是我們中年婦女的一段佳話。包包這件事，某個角度反映了這屆中年女性對世界的態度、對物質的態度，是「愈來愈買得起」與「愈來愈不需要買」之間的辯證關係。

自從學習了「法國女人不背名牌包包」的教科書級氣質培訓之後，我現在凡是出國旅行，一律背個帆布袋子，愈是看著像是去燒香，愈是自我感覺良好。

每個女人都有一段或長或短的「迷戀包包」的歲月，而大多數女人的這段歲月都集中在「買不起包包」的時間段。愈是買不起，愈是想要買。誰沒有幾個透支了幾個月薪水買來的奢侈品？

到了某個年紀，追求的東西不一樣了，買包包的熱情也就降低了。如果一個中年婦女依然和年輕時一樣在追求包包，那只有兩種可能：**一、這麼多年來，她沒有產生新的追求；二、錢太多了，沒其他東西可買。**

婦女強
則國強

如今愈來愈多的中年婦女，出門在外都入鄉隨俗了。比如我吧，雖然腰纏萬貫，財務自由，溫飽沒問題，但也和身邊眾多不再追求那些物質層面的女性朋友一樣，已經達到了更高精神追求的境界水準，遠遠脫離物質炫耀，不再是一身價格昂貴、效果卻很cheap的行頭。然而，我們卻可能會在紐約大都會博物館花三百多塊美金買一個全牛皮無logo大黑包，裝得下奶粉尿片止痛藥，真正做到了「低調的奢華」，至少每次有人問起來，都可以暗自竊喜地給他講述在紐約買包包前後的一連串故事。

這是中年婦女的智慧。

我發現，如今的中年婦女有一大特點，就是看得透。就憑這一點，走到國際上都能走路帶風。這很大程度上歸功於**中年老母心靈雞湯喝得多＋各種婚姻指南看得多＋在帶孩子的路上經歷的坑坑洞洞夠多。**

她們尤其善於用哲學思辨的方式啟發年輕人，動不動出來一套處世理論，時不時地出口成章。如果來個以「婚姻家庭與育兒」為主題的世界巡迴演講，我想絕大多數中年婦女都會張口就來，毫無壓力。

中年婦女對社會的作用，主要還是哲學方面的。

前些天和幾個年輕女孩聊天，她們說到和自己的男朋友相處的困惑，大家都說「不敢早早結婚」，理由是「想要獨立的生活」。

她們你一言我一語，好像很有共鳴，自我感覺很有道理的樣子。

中年婦女我實在聽不下去了，拍案而起，「你們啊，too young too simple, sometimes naive!」

我不是故意抬槓，只是我真的看不下去了，「婚姻和獨立並不矛盾啊！」

妹子們帶著一副果敢而無畏的神情，在習以為常的包攬眾人讚美認同的眼光裡，突然吃了釘子，竟無語凝噎。

為了證明我自己，我特意補充了一句：「我已經結婚十年了，兒子都上小學了。」

妹子們的眼神彷彿在說：「你不用帶兒子燒飯做家事陪作業的嗎？怎麼跑出來玩了，這和劇本不大一樣啊……」

「我也有很多的家務事，要逼迫自己照顧好孩子，也要處理很多惱人的關係，這是婚姻的必然，但我還是獨立的。我還是保證自己擁有喜歡做的事，不屈於生活、放棄愛好，還是努力做到每年一到兩次拋夫棄子來一次長途旅行。當然，平時也盡量多地製造互不傷害的活動和約會，是作為一個女人參加，而不是作為一個妻子和媽媽。」

妹子們此刻可能被震碎了。你知道，很多年輕女孩，本身就涉世未深，開化較晚，對這套哲學體系瞭解不多。

「獨立是精神上的，不管你結不結婚，獨立的人永遠是獨立的，只不過結婚會改變你展現獨立性的方式，但不會改變你獨立的本質。**如果你說因為結了婚就不再獨立了，那你本身就不是一個獨立的人啊。**」

妹子說她記下來了，要發到網上去。可惜她沒有問我名字，如果問了，我會說：「請叫我優質中年婦女！」

想像一下，網上「九十後」妹子的「關於婚姻與獨立」的發文獲得了當日最多讚，而這是來自一個最平凡普通不過的中年老母的隨口日常小金句。

我們這屆中年婦女，還有什麼事沒看透？不存在的。

我們幾乎都是哲學家，都是生活的智人（當然，是直立行走，體毛退化的），已經達到了興邦強國的高度。

我們不光能在電腦鍵盤和鍋碗瓢盆之間切換自如，還能同時駕馭ＰＰＴ與扳手、螺絲刀，不限於包攬家庭教師、心理輔導員、哲學家、兩性專家和老中醫的角色，更重要的是不僅在自己圈子裡得意，也能出去撐門面，走出國門之後還能繼續花式炫技，為國爭光。

我們對自己的國際地位是高標準嚴要求的，是不甘任由只剩半個腦袋髮量的中年男代表亞洲的，更不甘讓出沒於免稅店的血拼一族為自己代言，中年婦女們需要自成一派，技壓群雄。

要達到的效果是：表面風平浪靜，不動聲色；仔細一琢磨：哇，厲害，中年婦女水準夠，還加了些細節在裡面……

正所謂：**婦女強，則國強。**

十三說

女人真的是無時無刻不在成長。年輕時，我們沒有學會那麼強大，不是我們不學，是生活還沒有給我們機會學。最好的老師就是生活本身。

尊師重教，尊敬生活所教給我們的一切。有時候看著年輕女孩瀟灑地活在非常自我的世界裡，一邊心裡暗暗感慨著自己的成熟、懂事、體貼和強大，一邊其實也在偷偷羨慕和嫉妒著她們。可怎麼辦呢？**生活只能往前走，我們只能為今天的強大喝采，儘管有些強大的背後積累著一些心酸和孤獨。**

扶我起來
我還能再報一個補習班

— 4 —

結婚十年，我活成了大哥的大哥

中年婦女不想成為大哥的女人，也不想成為大哥本人，我們最後成了大哥的大哥。

今年春天，我們約了幾組好友家庭一起去爬山，爬到幾近虛脫，孩子他爸遞過來一瓶水。我正想著，今天對我真體貼……我含情脈脈地接過水，他柔情似水地望著我，對我說：「大哥，幫我轉開瓶蓋。」

經過了十年婚姻磨礪，轉開瓶蓋的那個人終於成了我。

以前，我也曾是那個明明轉得開也非要假裝轉不動的小蘿莉，如今這一身陽剛之氣還不都是拜他們父子倆所賜。當年一手抱娃一手拎包，一側肩膀還要夾著電話，照樣能單手轉開瓶蓋，人稱「瓶蓋殺手」。

這並沒什麼值得吹噓的，跟我們一同爬山的朋友，車開到半路，引擎亮了燈。老公坐在車上滿頭大汗地找保單、翻說明書、查電話；老婆三兩下支好了三角錐，打開引擎蓋，戴上手套，蓋上一塊布，輕輕擰開水箱，加了一桶水，好了。

經過了十年婚姻磨礪，修車的那個人也終於成了老婆。

以前，我也曾是那個連油表燈亮了都不敢再開一公尺的小蘿莉，如今這一身爺們兒氣質不也是拜父子倆所賜。別管碰到啥故障都能以迅雷不及掩耳之勢孤狗，勇敢地嘗試各種辦法，只要能趕緊搞定，別耽誤我接孩子，讓我鑽車底下都成。

這屆**中年婦女普遍不甘平庸，大多數都不想成為大哥的女人，也不想成為大哥本人，她們最後成了大哥的大哥。**

若是手無縛雞之力，沒點純爺們兒技能，不能像孫悟空保護唐僧一樣保護好自己的隊友，都不好意思行走江湖。

現在，只有當兩個中年媽媽在一起的時候，才突然有了性別意識，「哎喲，你的口紅不錯喲～」「你的包包也挺好看的，呵呵。」兩句簡單的寒暄之後，又開始不自覺地討論起牆面裂縫的處理技巧和止回閥品質哪家強。

兩個純硬核中年婦女，興致高昂地沉浸在一個不講究性徵的二次元世界裡，彼此陶醉，如同《西遊記》裡的兩個妖精一起研究唐僧肉的一百二十種吃法。

上週我接受一個採訪，坐在我對面的兩個「九五後」妹子問我，「如果讓你用一個詞形容你的讀者群，你會選哪個詞？」

我說：「我的讀者群可能是以**硬核老母**居多，個個都是大哥。」

妹子問我，「什麼叫硬核老母？」

我說：「這個很難解釋。」

「能不能舉個例子呢？」

「設想一下，你正在吃飯，坐在你腿上的娃突然用力一憋，然後你感到一股暖流從他屁屁裡湧了出來，溫暖著你的雙腿。你面不改色，心裡想著先把剩下的這口麵條吃完吧。帶著一股天然肥料氣息，在屎尿屁的浸潤中，你不慌不忙地一邊吃，一邊伸手摸了摸娃的屁股，沾到了黏糊糊的物體，放到鼻子前聞一聞，確定今天娃的消化沒有異常，色澤透亮，形狀穩定，於是放心了，吞下了碗裡的最後一口湯……」

兩個妹子聽得目瞪口呆，桌上的兩杯熱巧克力再也沒碰一口。

硬核不硬核，主要取決於三大方面：

一、凡是男人能做的事，我們都能做；男人不能做的，我們還是能做。

二、凡是能一個人做的，絕不要第二個人幫忙。

三、凡是做不好的，非得努力鑽研到做好為止。

這些年，我見過不少硬核老母。

你看天邊那朵雲
像不像我老公

她們坐下能喝烈酒，起身能開飛車，趴下還能撐一會兒plank（棒式）。

她們上一秒在廚房巧手煲湯，端著高腳杯溫婉端莊；下一秒就能拿起滑板，給娃來個「Frontside 180 Ollie」示範（在娃爸摔得狗吃屎的時候）。

她們一雙慧眼看得懂名畫也拆得穿謊話，一雙巧手化得了濃妝也通得了下水道。

她們能穿著高跟鞋扛著娃飛奔追公車，也能換雙人字拖胯下運球，背身試探步過人和三步上籃……

她們家庭的分工明確——

女人做女人該做的事，比如組裝家具、拆裝電器、牆上打孔等一切需要用螺絲刀、扳手，甚至衝擊電鑽、電鎚等工具的活；再比如消滅蟑螂、購買填縫劑、尋找螞蟻窩並搗毀；還比如跟孩子的老師打交道，跟同學的家長打交道，管理學習事務和擇校事宜，並全面整理所有課外班的宏偉藍圖……

男人做男人該做的事，比如……比如……加班出差和上廁所……

用我的一位生物學教授朋友的話，也許最能提煉出這屆硬核老母的風姿：

我是個可以給葡萄剝皮的女子，也是個可以給兔子縫皮的女子。

我可以在免稅店精挑細選最適合自己的口紅，也可以在一桶豬蛔蟲裡挑出最肥美的雌蟲。

我可以溫柔地和孩子講安徒生童話，也可以冷靜地分析《24個比利》。

我可以淚眼婆娑地不忍直視女兒抽血，也可以毫不猶豫地走進實驗室，在屍體邊講解人類的生殖腺。

我可以在燭光下拋媚眼，也可以在冷風中翻白眼。

我可以手無縛雞之力，也可以一手抱娃，一手五個超市袋子自己提。

我可甜可鹹，可淑女可罵街，可蘿莉可御姊，可女王可女僕⋯⋯

因為我是個老母。

成為一個老母，可能是走向硬核的關鍵轉折點。

我有個朋友懷著二寶，有一天下午，她覺得自己要生了，她給老闆整理完報告，給下屬交代完工作，打電話給自己的老媽，安排好接外孫的任務，然後給自己叫了輛車，大搖大擺地下樓，等車時和物業工作人員聊了一下空調製冷問題，最後雲淡風輕地來了句：「不說了，我先去醫院生個孩子。」

生完孩子的第三天她出院，第五天月嫂進門，她親自招待，介紹家裡情況，講解電器用法，指導戰略方針。月嫂問：「產婦在哪兒？」

變成大哥的大哥，除了自身的識時務和努力，也離不開隊友的鞭策。

剛結婚的時候，我劃破個手指頭都要哀哀叫，隊友心疼得小心翼翼又不失專業水準地幫我消毒包紮。

愛情的巔峰：佛系夫妻

如今，我肚子上打洞取個膽結石，他都不問疼不疼，可他耳朵進水，去門診抽一下水，他都打電話要我陪。等我趕到，才讓醫生動他。

剛結婚的時候，過年去誰家都要問來問去好幾遍，隊友總是充滿體貼又不失風度地把企劃書遞交到我面前，等待審閱。

如今，萬事不管的隊友一心撲在工作上，不知有漢，無論魏晉，離過年還有三個月，我便已經把行程定好，各家紅包、年貨備好，只等時辰一到大喊「行動」，感覺自己就是獨立團團長。

娃生病的時候，天邊的雲從正南方發來兩道閃電，在天空劃出四個金燦燦的大字：「**大哥，你上。**」

親子運動會，出故障的雲因感冒不得不臥床，告訴我「兩人三腳比賽這種活動最適合促進母子關係」，鼓勵的眼神中飄出四個雄壯的大字：「**大哥，你上。**」

老師來家訪，他淚眼婆娑地望著我，彷彿在說：「**大哥，你上。**」

小升中填一大堆表，他深情款款地望著我，彷彿在說：「**大哥，你上。**」

他家長輩過生日得準備禮物，他手足無措地望著我，彷彿在說：「**大哥，你上。**」

婚姻的意義在於相互成全。感謝你，好兄弟，成就了我實現mission impossible。

經過交流，我發現硬核老母的老公們是最有安全感的一類人群，對我們的依賴和放心，超乎我們想像。

有次參加一場時尚親子派對，我們幾個老母特意打扮了一番，花枝招展，耀眼萬分，大家出門前提議各自問一下自己配偶，「我們這麼美地出去，你不擔心嗎？」

我們配偶的回答分別如下：

一、擔心啥？帶個娃，連流氓看到你們都嫌麻煩。

二、我只擔心你別吃撐了把裙子炸開，又要買衣服了。

三、有點擔心，你們湊到一塊兒，別再又團購車載冰箱和吸塵器了啊。

我們彼此之間的信任和坦蕩，還不是全靠平時哥兒倆點滴的情懷積累？

如今，我們**鐵打的夫妻兄弟情**，別說放心對方花枝招展出門去玩，即使都脫成半裸佇立在對方面前，大家都不動邪念，胸懷坦蕩。

有一天出門前，我們正在換衣服，孩子他爸突然對我說：「你那麼能寫，何不即興賦詩一首？」

在我蕾絲小吊帶滑落肩膀的一刻，隊友正把他圓滾滾的肚子擠進牛仔褲，兩人欣賞著各自獨有的性感，此情此景果然激起了我的詩興——

你我，在對方四十五度斜角的餘光裡，
心無雜念欣賞著彼此的大哥，
那眼裡的純粹，
像極了愛情……

這就是大哥和大哥的大哥之間的日子。

結婚前，我們女人找對象的標準是：他要能給我安全感。

十年後，我們的老公好像比我們先實現了這個願望……

十三說

這篇〈結婚十年，我活成了大哥的大哥〉火遍全網之後，我家孩子他爸感受到了一絲絲來自社會的壓力……連他的小學同學都來表示羨慕，說：「兄弟，你家大兄弟可真不錯，哈哈哈！」我老公自然是客氣地回答，「哪裡哪裡，彼此彼此。」對方也毫不遮掩地表示，「我家那位大哥的大哥也是相當不錯的！」

你看，新時代的男性是有素質的，他們不會追求那種「家有嬌妻」的虛榮，而是坦誠直面新時代女性的強大和剛毅，並且也不會因此而覺得自己在家裡失去了地位。

真正平等的家庭和婚姻關係，一定是性別弱化的。

—5—

一大群中年婦女正在從朋友圈消失

中年婦女都懂，把自己的倒楣事說出來，能讓別人開心開心。

昨天，我在朋友圈裡看到朋友發了自己和女兒旅行時的一張合影，突然感覺已經有好久沒有看到她的動態了。

翻了翻她的朋友圈，上一次發文的時間是2018-12-9。

接著我意識到，好多以前在朋友圈比較活躍的中年老母，如今發文的頻率愈來愈低了。

感覺有一大群中年婦女正在從朋友圈消失。

對好多中年婦女來說，朋友圈是一塊附庸風雅的高地，而自己愈來愈沒力氣爬上這塊高地了。誰沒有過曾經在這塊高地上風月如詩、情懷如酒、陽春白雪、自憐自艾的過往啊，可如

說點倒楣事
好讓大家開心開心

小林漫畫

今，跳進了自己挖的坑的中年婦女們，走出了窪地……

可能有人不理解：發文這種隨性小事，哪來那麼多原則啊？

看來你需要瞭解一個中年婦女從「想發文」到「不發文」的心路歷程。

假如你是一個中年老母，週六一大早爬起來給娃做早餐，然後帶孩子去幾十公里外的一間著名補習機構上課，在陪讀的間隙找了家咖啡店坐一坐。

取消　　發佈

陪讀媽享受片刻歲月靜好

曾經我也做過這樣的事，這麼風雅的環境會催生出中年婦女發文抒懷的多巴胺。她可能會發出上面這篇貼文。

對著自己編輯好的內容反覆看好幾遍，突然心想——

這麼苦楚的一個人還在這裡裝什麼歲月靜好啊！

於是刪掉剛才的文字，重新編輯成左頁上方的圖。剛準備發送，想來想去覺得心裡的火愈來愈大——

別人還以為一杯紅茶、一塊蛋糕就能打發我這個優質中年老母，萬一被孩子他爸看到，還以為我陪讀的日子過得有多舒服！

於是又刪掉剛才的文字，重新編輯成左下這張圖——啊！現在終於感到痛快了！

然後刪掉了所有文字＋圖……

最終，這個狀態沒有發到朋友圈，所以你看不到背後暗藏的這些驚心動魄又細膩如絲的內心波瀾。

看似沒發文，但她用意念發了N遍，包含了美好、健康、陽光、悲憤、歇斯底里、神經質，以及世界上永遠不會有第二個人知道……

然後，收拾收拾，接娃回家，做飯，正好孩子的爸也該起床了……

取消　發佈

週末一大早又是陪讀……只能吃一頓撫慰自己操碎了的心

取消　發佈

老娘踏馬一週累死累活！週末也不能休息！那個當爹的！平時不見人週末還開會！簡直是耍流氓！
媽媽生媽媽養媽媽輔導媽媽接送媽媽陪讀！
老娘喝完這杯就去砸了那家補習班然後離個婚！

中年婦女愈來愈不愛發文，主要不外乎這幾個原因：

第一個原因：懶得花時間和精力去「裝」

其實，中年婦女真的很少有什麼「新朋友」，朋友圈裡的人基本都知道彼此的真實長相、做飯能耐、子女水準、老公髮量、消費水平、才華能力、愛秀的技能……

比如我這種懶人，根本從來不會做飯的，偶爾有一天拍了一桌子美食發文說home made，想換來大家拍手叫絕，但等到的可能會是：

叫的外賣吧？

你家來新保母了？

你會做飯？別逗了。

你做的？一定要先試一下都熟了嗎？

神經病啊，我不要面子的啊。

有些事，裝一陣子行，裝一輩子難。中年婦女都很明白這一點，於是選擇淡出裝腔作勢的舞台。

模範夫妻
全靠演技

對於女人來說，人到中年，基本上人設已經固定，無須費力維護，是騾子是馬不用拉到朋友圈遛也能知道。

而我們在朋友圈這種寸土寸金的地方，又不能撒野，也不能匿名亂發洩，說的東西要考慮到積極健康陽光向上……唉，不知不覺變成了勵志文……

然而，要知道，人生感悟、勵志金句什麼的，會給人一種「這位中年婦女還不成熟」的感覺。

在中年婦女朋友圈裡幾乎看不到的內容，基本有以下幾類：

買了什麼奢侈品。

吃了頓很貴的飯。

和老公秀場恩愛。

說到底，在這個大家都買得起、吃得到、有老公的圈子裡，**裝，也是很累的。**

更重要的是，每到夜深人靜的時候，當別人最放鬆的時刻，卻是老母們最緊張的時刻，大多放鬆不下來。陪寫作業和複習迎考的媽媽們此時哪有空去經營什麼網路生態，自己家的生態還搞不平衡，烽煙四起呢。

第二個原因：分組麻煩

常聽朋友說：「唉，我在朋友圈發個文也就封鎖兩百來人……」

其實中年婦女並不是厭倦了朋友圈，她們只是愛分組了。

前些天有個媽媽說，兒子得了一個比賽大獎，含金量還不低，她忍不住發文炫耀了一下。但覺得讓主管和同事看到會被認為過於高調，於是封鎖了「工作分組」；讓孩子同學的家長看到會顯得炫耀，於是封鎖了「同學家長」。出於各種顧慮，最後鎖掉的人數有一百多個，而她的朋友圈一共才三百人……

最後想來想去，也沒什麼好發的，算了吧。

關鍵是有一些分組，你是既想讓他們看到，又怕被他們看到，比如當你想發一條「**加班過多容易猝死**」的連結到朋友圈的時候，你是想讓老闆看到還是不想呢？

好為難啊。

更重要的是，中年婦女的朋友圈有時根本身不由己，老闆、老媽、老公、老公的朋友、同事、同學、老師都在那看著。如果真的做自己，恐怕很快就逐漸沒朋友了。

當我發完一篇文，滿腦子想得最多的一個問題是：我剛發的那條要不要撤回……

這麼想想，正常人也快精神分裂了。還是什麼都不發，又省事又省心。

孩子是愛情的結晶
作業是婚姻的紐帶

第三個原因：無人喝采或者拉仇恨，也很不自在

大多中年婦女最初都難逃「晒娃狂魔」的命運，她們的理念是「我娃天下最可愛」。而每個老母在孩子逐漸長大，看到後來者前仆後繼地晒著寶寶的時候，才會明白那句話：除了自己的娃，誰的娃都醜……

現在唯一值得中年婦女動動手指跟大家分享的「娃的動態」，基本就是「黑娃」，作文寫得有多狗血，把家裡弄得有多亂，做了什麼欠揍的事，惹了什麼禍……這些都是很好的素材，可以幫助你在朋友圈樹立人設。

因為**中年婦女都變得懂事了——只有把自己的倒楣事說出來，才能讓別人開心開心。**

如果一個中年婦女晒娃沒有動力、不美顏也不敢在朋友圈發文，晒恩愛怕死得快，那能發文的內容更是愈來愈少了。

朋友圈不是拿來記錄孩子日常生活，就是作為工作宣傳，至於自己的私人生活，那就像地下戀情一樣，嚴防死守。

在朋友圈裡做一枚人畜無害、歲月靜好的中年婦女，連自己都覺得被陶醉。

第四個原因：歸根結柢是因為中年婦女想得太多

中年婦女好像都有點偶像包袱，不喬好姿勢，不能發文。

而現在，就算好不容易喬好了姿勢，蓄勢待發，突然間也可能會被一個意外攪亂了心情。這個意外包括但不僅限於豬隊友出包、父母生病、孩子犯錯被老師點名、工作爛攤子被踢到了自己頭上……任何一點小事，都能讓中年婦女喪失了發文的意志力，安心地隱身於網路（也不會輕易被發覺）。

有些事情放在朋友圈讓人圍觀，剛開始覺得挺有趣，沒過多久就覺得有點傻。**中年婦女的精神境界不是一般人能理解的，她們愛得快恨得快，笑得快哭得快，所以變得快。**

當然，傲嬌也是中年婦女遠離朋友圈的一個原因。以前是太在乎別人的想法而不想發，現在是太不在乎別人的想法所以懶得發。

每次看到年輕小姐們大冬天穿著超短裙吃火鍋都能洗版的時候，中年婦女都能露出老奶奶般的慈祥笑容，心裡默念著：「年輕真好啊，你們就等著感冒上火吧！」

愈獨立的中年婦女，愈不愛發文。有時感覺自己的生活真的平淡無奇，只想看別人的熱鬧，卻不想被別人看到自己的生活。看完一圈熱鬧後發現：這些熱鬧也不是我想要的，還是我的生活比較好……

最重要的還是中年婦女看透了生活，努力做到看破不說破，說多了都是錯。雖然內心還是洶湧澎湃的，但更多時候會選擇在疏而不離、包容度強的聊天群組裡吐吐槽，及時排解點喜怒哀樂。

雖然自己愈來愈少發文，但我們很鼓勵別人多發。當我們頹廢沮喪的時候，瞄一眼朋友圈就能瞬間high起來，尤其是看到誰家老公和娃又挨罵了。

十三說

有時候，突然想起了某個久未聯絡的老友，想翻翻她的朋友圈，卻看不到什麼近況，就會有點失落。心想：也許她最近很忙？怎麼也不和我聯繫？

但轉念一想：忙碌也許是一件好事。中年女人讓自己忙碌起來，少一些陽春白雪的牢騷，少一些稀奇古怪的抱怨，總比一直在朋友圈裡吐槽生活的遭遇，嘮叨種種難處要好很多。年紀愈大，愈渴望一些真正屬於自己內心的、只有一個人才能聽得到的聲音。

我直接傳訊息給她，聊聊彼此的近況，約一下有空喝杯茶。淡淡的不遠不近的距離，彼此都舒服，想要對方聽到的話語，也自然會說。

—6—

摧不垮的中年老母

中年老母是鐵做的，要想摧毀，起碼得用核彈。

大多數中年老母都有點病，有的大有的小。

這聽起來很不美好但實屬正常，一是到了該生病的年紀了，二是操心焦慮的事多，三是無暇照顧自己。

比如我吧，身懷多種小毛病闖江湖，上乘的頸椎病加上資深老鼻炎搭配一點世界級疑難雜症，連中醫都治不了，本以為已經強到決勝華山之巔了，定睛一看，身邊女同胞們個個都是好漢，有些甚至才三十出頭的年輕媽媽，都已經是藥罐子了。

慚愧，慚愧，是在下輸了。

除了這些明著病的，還有些暗物質的，比如十個婦女中有八個都擁有的「憂鬱」和「狂躁」交織，喜怒無常，這都是精神上的病，沒幾個當媽的能躲得過。

然而，病歸病，該做的事還是一樣沒少，矯情和孱弱好像不屬於這屆婦女。

前陣子看了一篇文章叫〈摧毀一個中年人有多容易〉，看完不禁唏噓，文章裡那些脆弱的中年人啊，估計都是男人。

中年老母是鐵做的，要想摧毀，起碼得用核彈。

這個社會正投射出一種莫名的假象，好像女人都沒有危機、沒有壓力、沒有煩惱、沒有撐起一個家似的……非常有趣的是，天天把中年危機掛嘴上的大多是男人，整天惜命怕死的也大多是男人。

比如我家一百公斤的巨嬰，平時看著可健碩了，看他活蹦亂跳的情形，我一直認為他能給我養老送終完了還能再活五十年。

可是，只要稍不留神一感冒發燒，這位大哥就嚇得像是要先走一步了似的，賴在床上，一臉惆悵，翻來覆去地哀哀叫。反覆研究醫生開的藥，把說明書讀十幾遍，萬一有個不舒服就懷疑藥物中毒了，要上醫院。

喊他吃飯，他無動於衷；叫他起床，他充耳不聞；讓他起來帶娃，他說：「我這樣一個病號，還怎麼能帶娃啊。」……

這種情況在我們這種中年老母身上是絕不可能出現的。

上週某個早上，我一邊忍著不明原因的肚子疼，一邊開車送娃去考晉級考，後來稍微好點了，就把肚子疼這事給忘了。第二天早上又疼，發現事情不對，把兒子送到爸媽家，交代完上午的功課和任務，沒精打采地自己跑去了醫院。

醫院人很多，等化驗和等照X光的間隙，我連續傳了三條訊息給我媽：**一、該練琴了。二、中午早點吃飯，下午一點還要去上課。三、上課的地方不好停車，停到後面去。**

總感覺我不在家，他們什麼事都搞不定。

檢查完了，確診膽結石＋腎結石，醫生直接來了一句：「得動手術。」

回來後跟好朋友彙報了這件事，她飛奔到我家，跟我說：「不要拖，還是快動手術吧，我去年剛做過這個手術。」

她眉飛色舞地描繪了當時發覺疼痛和查明病因以及治療手術的全過程，像是在回顧美好的青春一樣。

她說：「你的結石有多大？」

我說：「十×八，你呢？」

她說：「你好像沒我大，我記得兩個都是二位數，醫生說我是他見過最大的。」

我說：「哇，你好大。」

兩個膽結石病友互相比較誰的結石更大，就好像別的年輕女孩在比誰的鑽石更大一樣。

你幾克拉的？才九克拉？沒我大……

前陣子，我姊夫三天兩頭來我家避風頭。原因是他公司被合併重組，他被派到某間分公司去任職，他認為是被打壓了，被排擠了，被架空了，一副職場失意的落魄樣子，終日鬱鬱寡歡，借酒澆愁，我姊老和他吵。

這種行為在我姊那種純爺們眼中一定是不允許的，她認為這不算什麼，總有辦法的，但是反覆開導都沒用。

那你辭職啊。

他又不敢。

所謂「被摧毀的中年人」，可能這也算一種吧，外力摧一下而已，毀你的是你自己。

反而是女人耐挫能力更強一點，什麼事都能當成雞毛蒜皮。

記得有一年暑假，我送姊姊和她五歲的兒子去機場，他們參加一個夏令營，出發的幾天前，姊姊腳扭傷了，最終還是一瘸一拐地上陣了。

我目送她扛著大包小包帶娃遠去的背影，就想了一個問題：如果換成我，我會怎麼做？是會跟孩子說「對不起，我去不了了，取消吧」，還是會和姊姊一樣，忍著病痛照樣上呢？

我想我也會選擇後者，體驗一下全程「金雞獨立」也是一種人生樂趣，值得後半輩子拿出來反覆炫耀了。

當媽以後，有太多時候並不是因為老想著什麼「偉大的母愛」而犧牲自己顧全家人，而是因為一種習慣，自然而然就那麼做了，因為母親的習慣就是照顧孩子。

在照顧自己和照顧孩子之間，習慣性地選了後者。

那些病痛啊、困難啊、坎坷啊，都無力改變這種習慣，於是，擊垮一個中年老母真的很難。

很多和我差不多年紀的老母，做出的驚天動地的大事能寫成小說。

比如為了躲過公司裁員而不惜又懷上二寶的。面臨這樣的人生轉折點，男人們可能任憑命運的裁決了，女人還有一技之長——懷孕了，裁不掉。

簡直是重新定義了「為母則剛」的意義啊，一旦當媽，惹不起惹不起。

中年婦女為了抗拒命運，照顧家人，膽子不是一般地大，思路不是一般地清晰。

幾個月前，我的老同學，被稱為「郭黛玉」的體弱多病的堅強老母，連夜排隊去給娃報名某搶手輔導班，結果排隊不到一小時就低血糖不舒服，眼看就撐不住了，趕緊召喚過來一個黃牛，談好價格，口頭協議＋支付定金，一切搞定之後，放心地坐在地上暈了過去……

這是有多不愛惜身體，我們真不鼓勵這樣的逞能。

不過我現在也有體會了，有時候不是我們不愛惜，是來不及愛惜，以為忙完了就有時間愛惜了。愛惜身體這件事有時候得排隊，因為總有更棘手的事等著做。

不是我們豁達淡然，是沒有什麼更好的選擇。難道有點小毛小病就從此臥床不起，自憐自艾，把孩子踢給家人，把工作全部放下，然後仰望星空感嘆命運無情，等候所有人來關懷安撫舉高高？

不存在的，我們這種已婚中年老母都是沙漠裡的戰士，不進則退，仙人掌裡擠出水來，先給娃灌上，才輪得到自己洗傷口。就算不小心倒下一會兒，也不忘了擺出優雅的姿勢，高聲吶喊：扶我起來，我還能再報一個暑假班……

十三說

人們常說「為母則剛」，這麼短小的一個成語，落實到生活裡，可就綿延不盡了。過去的公主病、小矯情、軟弱，在經歷了帶娃這場大型戰役之後，都會不知不覺地消失。

不過，有時候太逞強的媽媽們真的心裡不太快樂，原因不在於覺得自己太累，而在於自己的付出和犧牲並沒有得到重視和認可而產生的委屈感。

適當的示弱是生活的調味劑，**在偶爾覺得很累、想輕鬆一些，甚至是想無理由地偷個懶的時候，試著對家人說：幫幫我。**這不代表我們被摧毀了，這表示我們成了更完美的自己。學會示弱，學會表達訴求，不等同於軟弱。

—7—

中年婦女不怕生病，又最怕生病

什麼都阻擋不了我們照顧孩子、打理工作、搞定生活裡的雜亂無章。

從小到大，我以「體格強壯」著稱，七大姑八大姨們教育自己的孩子時，都拿我當榜樣：「你看人家，不挑食，長得圓滾滾的，多結實！」

以前我覺得那是真誇我，而且我真的感覺自己的身體一直都挺好的。十幾歲的時候，我一度很不喜歡被這樣誇，因為開始「愛美」了。「結實」和「壯實」這種詞，哪個女孩子會喜歡？

二十出頭的時候，為了漂亮，我努力模仿別人的穿著打扮、神態動作，有段時間覺得會芭蕾的女孩真優雅，從沒學過舞蹈的我竟然在家自己練壓腿，怎麼摧殘身體都不覺得過分。

自從有了孩子之後，逐年下降的身體狀況，開始讓我覺得，原來「結實」和「壯實」是多麼難能可貴的優點啊！生完小孩之後，剖腹產留下的後背麻醉傷口，總是隱隱讓我覺得自己這老腰怕是好不了了，彎腰給孩子換個紙尿褲的工夫，就感覺直不起腰來，擔心自己殘了。

以前晚睡熬夜，第二天早點睡就能補回來；現在熬個夜，一週都緩不過勁來。

從前兩年開始，每年體檢都有一點小毛病；再後來，小毛病被醫生警告「不斷變大」，膽囊結晶成了膽結石，小腎結石變成大腎結石。去年，這些毛病在同一時間爆發了。

我先是住院動了膽囊手術。手術後沒多久，腎結石攻擊了我幾次，痛不欲生，之後做了腎結石的治療，折磨了好一陣子。

在這漫長的極其折磨人的一段日子裡，碰上了我媽的腰椎間盤大手術，打了十個鋼釘進入腰椎，住院兩週，我天天晚上陪她；還碰上了更難熬的——兒子小升中。

我住院做「保膽取石」的時候，心裡在想：這幾天還有兩個客戶預約的文案要提交，於是給自己訂了一間單人病房，並找了充足的理由：「難得住院一次，不得對自己好一點嗎？」於是，那次住院反倒成了我難得的一次休養機會。手術的確很小，也沒有太大疼痛，手術完當天我就下床了，晚上就打開了電腦。第二天一早，遞交上去的文案要求修改，我又花了四十分鐘搞定。

弄完後，看到兒子的班級通訊群組裡，老師發了兩張表格要填，我又打開電腦。

每次護士進來，看到我都是坐著的狀態，我以為她會非常驚訝並且勸我快躺下不要動，但護士說：「現在的女病人都很厲害，上次住這兒的一個媽媽，有三胞胎兒子，兒子來看她的時候，她還起來給兒子默寫唐詩，還批改了三張數學卷子。」

哦，那我真不算女強人了，我才一個兒子要忙，而且，還有人幫我帶著他。

有時候看到其他媽媽三頭六臂，扛著大包小包，雙手還各拎著一個孩子，大的要教育，小的要哄，真心佩服得不行，大大小小裡裡外外，唯一顧不上的就是自己。

家人對我這種行為很是憤怒。我爸媽嚴厲批評我：「躺在病床上怎麼還工作?!」

我只想告訴他們，生這點小病，動個小手術，有什麼大不了的，**我們中年婦女一點都不怕生病，什麼都阻擋不了我們繼續按部就班地照顧孩子、打理工作、穩穩地搞定生活裡的雜亂無章。**

兒子小升中那段時間，真的令我焦頭爛額。由於我的後知後覺，關於升學的政策啊步驟啊等等方案，我都沒有提前備妥，一時間被很多朋友洗腦說要趕緊準備起來。

那幾個月，每天要留意各個學校公布的招生資訊、參觀通知、考試計劃等等。心裡總有一根弦緊繃著，特別累。偏偏那陣子，腎結石發作了，疼得打滾，不斷嘔吐，折騰幾天，甚至急診醫生也沒轍，只能給我一針配西汀（Pethidine），讓我晚上能好好休息。

這時候我覺得我是真怕生病。之前那個生了病也活跳跳，在病床上還忙裡忙外的我，已經消失。現在我覺得我絕對不能倒下，手裡千頭萬緒的事還在等著處理，小升中的關鍵節點，滴水不漏才能進行下去。

中年女人，不怕生病，但最怕的也是生病。愛惜身體，是為自己，更是為了家人。

好在時間慢慢過去，一切都有所進展和好轉，待處理事項從要緊到不要緊一一羅列，兒子的事，家裡的事，身體的事，工作的事，最終都有了結果。

我也不覺得自己有多偉大和不易，看看身邊的朋友們，每一個都經歷過這些，就像吃飯、睡覺一樣正常，克服自己的身心障礙，把所有事做到最好，起碼是盡心盡力。

十三說

可能有人不理解，男人感冒發燒都哀哀叫地躺在床上喊救命，女人發著燒、忍著痛，還能驅車十幾公里接送孩子。她們不怕身體受不了嗎？她們不怕死嗎？她們這是不是故作偉大，為了彰顯母愛的與眾不同，給自己立碑？

其實我們在做這些事的時候，根本沒空想這些。我們只知道：在自己體能和精力還撐得住的時候，在最後一分力氣喪失之前，能做的事還是要做的。女人有一種強迫症——「有些事我不做，就沒人能做好」，這是一種近乎扭曲的完美主義自我要求；正因為這個，讓女人看起來更累，但也同時更強悍了，經受的磨礪也多了，綜合素養都更強了。

—8—

歲月靜好，人間值得

所有的不容易，看多了也就那麼回事，你不把它雲淡風輕地帶過，還準備留著下酒嗎？

常有年輕人高呼：「成年人的生活沒有『容易』二字！」

曾經看過一段短片：

一個年輕人陪客戶應酬，喝多了身體不適，坐在地鐵通道裡等老婆來接。老婆來了，年輕人抱著老婆說：「寶寶……對不起……我真沒用……」二人深情相擁。

年輕就是好啊！這要是換成一對中年夫妻，老婆估計會一手扛起老公，「兄弟別廢話了，趕緊回家吧，兒子有道數學題不會做，你得教他！」煽情片成了功夫喜劇……

對中年人來說，我們好像真沒這麼不容易。「不得不喝醉」的艱難生活，到了中年人身上，可能就會變成「薛丁格的喝醉」。

能在地鐵通道裡爛醉如泥等老婆來接，對中年人來說是一種奢侈。

為什麼呢？我隨便說幾個可能性吧。

喝酒的時候，中年人一口一句脂肪肝、高血壓、膽結石，全場都找到了共鳴，酒場上還沒開始就結束了，醉不到這種需要老婆來接的程度。

飯局裡還沒等酒過三巡，就得以「回家帶孩子」或者「去醫院照顧爸媽」為由提前撤離，有很大的可能不會被灌到最後。

飯桌上，跟同齡人一起討論一些雞兔同籠問題和英文文法以及擇校、補習班等話題，竟聊得沒空喝酒，最後聊到口乾舌燥了，一杯濃茶，撒一把自帶的枸杞，就這麼草草了事。

喝醉？真的不那麼容易。即使醉，也是醉得非常清醒的。

難得有一次我家隊友喝多了點，醉暈了進門，第一句話問兒子，「你作業做完了沒？」聽到兒子的肯定回答之後，他才放心地去吐了。

那麼有沒有喝個爛醉的可能呢？當然也有。

假如一個中年男人爛醉如泥癱倒在路邊，打電話給老婆，「我喝多了，正躺在路邊，你來接我一下吧。」

「哦，那你先躺一會兒，我把老大的數學考卷檢查完、作文輔導完，再幫老二洗完澡，給他講完故事哄他睡著，給貓鏟完屎再熬完我的中藥，然後就來接你。」

「不用了，老婆，我清醒了，可以自己回去。」

你看，中年人的人生相對容易了許多吧。

凡事都不可能給別人、給社會、給警察叔叔添麻煩，那麼別人、社會、警察叔叔也就不知道我們的各種不堪。

於是我們的生活就看起來挺容易的，比年輕人容易得多。

上個月公司開會，有個年輕人跟我們講他晚上咳嗽到吐的悲慘經歷，說：「一個人到醫院吊點滴沒人陪真可憐嗚嗚嗚……」會議桌對面的王姊安慰他，「注意身體，身體第一啊哈哈哈。」

這位王姊，幾天前心搏過速發作，心臟以一二〇──一八〇的心率跳了兩天，老公又在國外出差，她晚上跟沒事人一樣帶娃，安排好兒子的晚飯以後，自己開車去醫院掛急診。一查心臟酵素，把急診醫生嚇到了，要收進ＩＣＵ。

王姊招呼急診室醫生坐下，「大家別慌，這個心臟酵素升高是暫時性的，幾小時就能降下來，我有經驗。給我來點Propafenone靜脈注射，再輸點輔酶Ｑ10和丹參中藥。」

那輕鬆的表情就好像在說：「先來杯奶茶去冰三分糖，再來個抓餅少油不要醬。」……急診室的人還沒緩過神來，她又說：「來，護士，你先準備藥，我給兒子打個電話，明天他要參加朗誦比賽，我得再檢查檢查……」

整個醫院的小護士都震驚了。

很顯然，中年人生個病都這麼輕鬆活潑，跟玩兒似的。

我公司有個女孩，漂亮又聰明，但聰明得有點過頭，一邊上班，一邊做網購，還在工作時間發文賣東西。老闆把她訓了一頓，把她手上的專案給了別人，還警告再這樣就要把她辭退。

女孩當天到處跟人吐槽，慨嘆生活不易。她哭訴，「我這麼努力這麼拚，又沒耽誤工作，為什麼不給年輕人機會！」

晚上她的朋友圈裡出現了哭紅的眼睛，撕爛的辭職信，一片狼藉的床……一頓發洩。看著真心疼，好多人由此感嘆：成年人的世界裡沒有「容易」二字啊！

當天我的另一個朋友——一位中年老母，同是被老闆教訓並被客戶折騰了一天，還被娃的老師點名批評之後，深夜發了上面這篇文。

取消　發佈

常常坐在夜深人靜的客廳裡瘋狂地想要砸碎每一個花瓶，每一個玻璃杯，每一個盤子每一個碗，每一個玻璃櫃，每一個可以發出清脆響亮碎裂聲音的物品。最終只是安靜地抱著貓，輕輕地撫摸她的毛。

這一瞬間，成年人的生活裡有了「容易」二字！

好像又溫和又恬靜，一點都沒有悲傷、不滿、憤怒和抱怨，看起來就像是抱起貓擼幾下那麼容易和舒服。

甚至連臉上都看不出有什麼不高興的。

可不是嗎？有什麼不容易的啊！所有的不容易，看多了也就那麼回事，你不把它雲淡風輕地帶過，還準備留著當下酒菜嗎？

你問一個年輕人：生活艱難嗎？

年輕人：太難了啊，為了生存，早上睡不醒，晚上睡不著，白天看人臉色，還要不斷進修，一不小心就落後，不用上一百二十分的力根本沒有立足之地……

你問一個中年人：生活艱難嗎？

中年人：等我有空再告訴你，我得先把兒子送去才藝班，然後去醫院接我爸，請你讓一下。

你問一個年輕人：你情緒穩定嗎？

年輕人：我經常在公司受氣，在家裡沒地位，在朋友面前沒面子，連上個館子都不敢隨心所欲。我還是個小白兔啊，生活就要讓我遭受這一切，我情緒能穩定得了嗎？

你問一個中年人：你情緒穩定嗎？

中年人：怒傷肝，喜傷心，思傷脾，憂傷肺，恐傷腎。我必須情緒穩定，因為我暫時死不起啊。

你要是不把什麼事都雲淡風輕地處理掉，而是大張旗鼓地讓全世界知道你很不容易，那你可能還不叫中年人。

生活之所以看起來容易，是因為臉皮厚了，面子不要了，最主要是能扛，什麼傷春悲秋的，一般人看不出來。

有個全職媽媽發了一張精美早餐圖，留言裡有個妹子說：「**你過著我嚮往的生活，而我還要拖著黑眼圈爬起來滾去上班……**」

這位全職媽媽回了妹子一個笑臉。

然後她跑來跟我說：「一大早又秀成功了，不過我想起家裡的抽油煙機快掉下來了，娃提前到來的期末複習還沒抓，大姨媽已經遲到一個禮拜了太嚇人了，另外，我的手今天要去醫院複檢……」

中年人就是一個在外人面前死撐，一回頭流著眼淚滿地打滾的騙子。當然，**同時還要注意表情不可太猙獰，站起來的瞬間要保持姿勢優雅有風度，否則會被說成「油膩中年」。**

重點是：我們要是表現得跟年輕人一樣不容易，會顯得很不合群，神經病啊，我不要面子的啊！

所以，把不容易都偽裝成小菜一碟，不知不覺也就當真了。

臉上的皺紋看作歲月的饋贈，肚皮的肥肉當作格局的積澱，手上撥的念珠是看透世事的釋懷，床頭的數學題是一切歸零的釋然……

精神不濟，一杯咖啡就能提神；臉色難看，一塊粉撲就能解決；心情沮喪多吃一個甜筒；減肥失敗就多吸吸小肚子。用最少的成本和最小的代價達成最好的效果，節約開支、鍛鍊心肺，還能促進社會和諧……

與此同時，天賦異稟並心有餘力的，還能給自己加個菜，在狼狽生活中保持體面和高檔。實在不行，買一塊提拉米蘇，又能跟生活再嬉戲三百回合。

羅曼・羅蘭說：「**世界上只有一種真正的英雄主義，就是認清生活的真相後還依然熱愛它。**」中年人真正實現了這種英雄主義，我們知道這生活遠比年輕人的糟糕許多，但我們卻更熱愛它了，至少表現出了熱愛它。

我早就跟那些憤怒的年輕人說：「消除憤怒的最好方式就是長大、結婚、生子，從此你們的主旋律必然是歲月靜好，人間值得。」

十三說

沒有誰應該比別人多承受一些壓力，也沒有誰應該在承受壓力時感到自然和舒適。人與人對抗壓力時的區別，僅在於時間上的歷練是不是夠了，這裡面包含了年齡、閱歷、耐挫性，以及一些更無法描述的數據統計，例如，你有幾個孩子……

無論壓力來的時候有多巨大，困難來的時候有多抓狂，挑戰來的時候有多糾結，記住，事情總是要一件件做，辦法總是比困難多。中年人就是很好地理解和運用了這個生活訣竅，所以，看起來總是比實際上要輕鬆得多，那看起來，確實酷酷的。

第二章

你看天邊那朵雲，像不像我老公

— 1 —

能量守恆

婚姻是愛情的冷凍庫。它先把愛情冰封起來，那也是把愛情永遠保鮮起來，不易腐壞。

論講求實惠，這屆中年婦女還沒有遇到過對手。

每年的「五二〇」，總有一大群女性朋友如同打怪升級，一次又一次贏得階段性勝利：搶自己的紅包，讓別人秀恩愛去吧。

大多數已婚七年以上的婦女，與社會各界愛心人士共度了一個佳節。她們分別從同學同事群組、親友鄰居群組、養狗養貓群組、育兒升學群組、閒聊扯淡群組、吵架互掐群組以及吐槽抱抱群組裡，搶到很多紅包，收穫頗豐，總金額甚至可能超過了二十塊錢。

搶了這麼多紅包，唯獨沒有老公的。

那些紅包來自五湖四海，發紅包的人多數沒見過面。以中年婦女為代表的主幹力量，和以中年油膩男為骨幹的活躍勢力，把這個宣揚「愛」的節日包裝得異常美好。

「我愛你」、「我愛你」，一群著了魔的陌生人互相表白著，全國人民沉浸在愛的祥和氣氛中。

收到這麼多表白，唯獨沒有老公的。

這是一個多麼平常卻又奇異的現象。中年婦女們每天和別人的老公說的話，比跟自己老公說的還多。逢年過節，從別人老公那裡感受到的節日氣氛，比從自己老公那感受到的更濃烈。

細思極恐，卻又充斥著人間溫暖。這一絲的溫暖，可能就是廣大婦女們維持生命的最後一口仙氣吧。

說來也奇怪，通訊群組裡常發現「別人家的老公」經常秀廚藝秀娃秀疼愛老婆，感慨持家的辛苦，暢談陪讀的感想，而且這樣的模範丈夫不只一兩個。

你會想：人家老公怎麼都這麼好啊，我怎麼沒碰上？

你可能不知道，他們的老婆正在另一個群組裡，描繪著自己的十項全能，把老公吐槽成一隻會幫倒忙的「豬隊友」。

人生就是這樣，能量守恆。

老夫老妻們都如同鋼鐵戰士，在各自戰場上可能都很強大，碰到一起也卸不掉盔甲，最後成了戰友，能一起萬里長征英勇殺敵，卻因為結下了深厚的戰友兄弟情，以至於「談愛色變」……

新婚那年：宜言飲酒，與子偕老，琴瑟在御，莫不靜好。
三年之後：鍋碗瓢盆，雞飛狗跳，奶粉尿布，沒法睡覺。
七年一到：看到就煩，一說就吵，只求清靜，不求相好。

能活過七年婚姻的戰友，都是生死兄弟。

桃花潭水深千尺，不及兄弟送我情。情之所至，不言朝夕——攜手下火海，相約赴刀山，兄弟相敬好，都別滾床單。

這個過程快則七、八年，長則十幾載。總之，其進程是隨著有娃的速度、頻率、個數而遞增的。

有一個娃時，還能cosplay其樂融融的三口之家。

有兩個娃時，幾乎多數在手忙腳亂中臨陣磨槍。

有三個娃的，基本上一家五口一湊齊，再添兩個老的，就能召喚滅霸了。

這日子，哪裡還有空玩什麼你儂我儂啊？

至於什麼情人節啊、聖誕節啊、生日啊、「五二〇」啊、結婚紀念日啊，凡是能秀恩愛的日子，都沒老夫老妻什麼事。

一開始，女人們可能還有點不爽。看看人家的高調，再想想自己的淒涼，悲從中來，看著那個壓根不具備浪漫細胞、腦子裡根本不知道今夕是何年的塑料戰友，也只能自己默默提一口仙氣吊著，心裡默念：「啊，這什麼鬼的生活啊，多麼美好。」

時間一長，也就習慣了。節日和儀式感，雖然有了我們會很開心，但是沒有也不會惆悵，畢竟好戰友之間以樸實無華為榮，不搞那些虛的。

一起上廁所的兄弟，滿屋子和娃狙擊戰誓死共存亡，共同勇鬥每月各類清單帳單，互相吐槽後方指揮官（爸媽），槍林彈雨，披荊斬棘……其實兩個人每天能保持不氣悶就已經很好，因為吵架給人的感受真是太shit了。一生很短，不要太多驚喜，盡量減少驚嚇才是王道。

俗話說，上帝關了一扇門，必然會為你開一扇窗。

這不應驗了？眼花繚亂、名目繁多的各種亂七八糟的節日，別和老公互相找不痛快，掐著對方痛點硬要討禮物和紅包……還不如乾脆直接去搶搶外人的紅包，給家裡補貼點米糧，多實惠。

在這個鋼鐵堡壘中，中年婦女們發現自己正在發生質的變化。

以前吵架，不管誰對誰錯，結局都是「你為什麼不讓著我」、「你給我起來說清楚，誰允許你睡覺的」、「你還是不是男人」、「你根本就不愛我了」……

後來慢慢變成了「行了行了我不想跟你囉嗦」、「你快睡覺去吧別煩我了」、「好你對你都對」……

所以，每一個女人都是通情達理的小天使。有時候你覺得她使性子，那只是因為時辰未到，還欠火候。再多吵幾年試試，會有彩蛋。

現在的我，每次看老公不順眼的時候，我就默念安徒生童話〈老頭子做事總不會錯〉。

把生活過得戲劇化，是中年人解救婚姻的最好方法。

上次社區管委會的大媽來我家，要我們填個表，結婚日期一欄，我老公硬是空著。

管委會大媽也不識相，還特地提醒了一句：「年輕人，這個結婚日期填一下。」

我老公緊張而羞怯地瞄了我一眼。

當時我腦海中一萬匹羊駝奔馳而過，心中還發出了羊駝空靈的號叫。

然而，作為一個早就修練有度的節操婦女，我機智地說：「哈哈哈哈，我也不記得了哈哈哈哈，要不就隨便蒙一個吧哈哈哈。老公你就填九月九號吧！」

老公大概是感覺如獲新生，還樂呵地開唱〈九月九的酒〉，「又是九月九～愁更愁情更憂～回家的打算～始終在心頭～哈哈哈哈……」

管委會大媽熱情地誇我們，「你們倆真逗，結婚日期都不記得，還這麼開心啊。」

我只能對她說：「愛笑的人，運氣不會太差。」

我們的閨密神祕團隊研究表明，男人在過了三十五歲之後，一定是有生理期的，而且總是失調，每個月總有那麼幾天，需要把他當傻兒子一樣來哄。

有姊妹發現，使用心智圖對付生理期的老公，會有不一樣的結果。

說一件事之前，想一下這麼說老公會有什麼反應，後果如何。換一種說法，他會是什麼反應，結果如何。他更喜歡哪種？用他喜歡的，前提是自己不受傷害的方式，**反正你關注結果就好了。**

「老公就是這樣被馴化成柔順小奶狗的。」

御夫有道，佩服佩服。

男人和女人的大腦是不同的，大多數女人經常感到不爽，主要還是因為總是用自己的思維來思考男人，就比如過節送禮物這件事。

年輕時，如果老公忘了各種節日和紀念日，忘了送禮物，甚至根本不知道怎麼送禮物，可女人特別在意這件事，那就僵了。

聰明的女人會慢慢學會避免雷點，我們有很多朋友，有美食，有自娛自樂的方式，別盯著那個不解風情的男人，轉過身，世界精采得多。

現在對我來說，一束鮮花，不如一頓小龍蝦。

剛結婚的時候，結婚紀念日我老公買了一束花回家，而且是臨到家時收到我的簡訊才想起來的，在附近匆忙弄了一束花，就一百多塊錢。

我其實情緒很複雜，但還是要做出一副通情達理的樣子：還不如買隻老母雞燉湯。

從此以後，就再也沒有收到過花。

怪誰呢？要裝聖母，就不能還留著凡人的念想呀。

如今大家兄弟一場，知己知彼，不求徒有其表的虛榮，只求腳踏實地好好過日子。

所謂愛情變親情，就是一場又一場的更換。用雞湯換掉鮮花，用洗潔精換掉巧克力，用不需言表的相濡以沫換掉掛在嘴上的海枯石爛。

嘴上說著最微小的柴米油鹽，心裡掂量著最重要的相愛相殺，那份不再鮮亮卻愈來愈厚重的情感，永遠年輕，永遠熱淚盈眶。這份難能可貴的兄弟情，沒個幾百回合的戰役根本打不下基礎。

行色秋將晚，交情老更親。

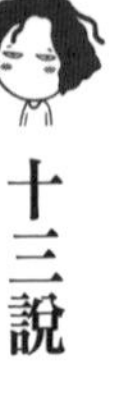

十三說

婚姻不是愛情的墳墓，它是愛情的冷凍庫。它先把愛情冰封起來，你看那愛情似乎冰冷得毫無熱度了，但實際上，你卻不知道，那也是把愛情永遠地保鮮起來了，不易腐壞。

在結婚這麼多年之後回頭看一看，有過很多爭吵和意見不合，也有過小打小鬧，也在緊要關頭以「離婚」相要挾，最終卻還是出於這樣那樣的原因，無法分開。「這樣那樣的原因」說到底都是我們的託詞而已，真正的原因是那看似沒有熱度的感情，依然在冷凍庫裡呢。你還沒有看到它徹底腐朽變質，怎麼捨得放棄？

—2—

鐵打的夫妻兄弟情

所謂「佛系夫妻」，就是只要身體一碰床，乾柴先睡著，烈火則如釋重負地放空大腦。

哲人說了：「**不要考驗人性，人性禁不起考驗。**」

熱戀的情侶就偏不信，非覺得人性禁得起考驗，「我會一輩子對他充滿激情」、「我將永遠把她奉若珍寶」……於是沒把持住，結婚了。

多年之後發現，人性這個東西啊很神奇，如果硬撐一下的話，「人」還能勉強禁得起考驗，但「性」就難說了。

從現在的情況來看，**一個成熟穩定的家庭裡，貌似總得有一位面對性感妻子坐懷不亂的男人，和一個面對雄武丈夫毫無色心的婦女。**

這怎麼和我想像的不大一樣呢？

當初好像就是為了方便啪啪啪和合法滾床單才結的婚啊。

這一切到底是從什麼時候變成這樣的呢？

就從第一次你開著門上廁所對方視而不見，從第一次在臥室全裸五分鐘對方無動於衷開始，你們的感情昇華了。

從此以後，兄弟一生一起走，那些日子不再有……

當然，新婚的夫妻可能還不信，這是人之常情。誰新婚那會兒不造作？

當年兩口子往床上一躺，就算聊個牛頓定理，話還說不到三句，情話就出來了，「我覺得萬有引力都沒你的引力大！」

不可描述……

現在呢，兩人脫光了躺床上討論拉格朗日定理，愈說愈陷入科學的迷思，乾脆拿出紙和筆，圖解拉格朗日均值定理在數學與天文學中的應用。

半小時後，這場高等數學深度研究取得了重大進展，雙方終於可以放心地酣甜入夢……臨睡前，那剛正不阿的男人還沒忘補充一句：「一般人我不給他講這麼多。」

看在是好兄弟的分上？……

行吧，大兄弟，讓我們一起成長，共同進步！明晚也要加油呀……

一對高尚的夫妻，純粹的夫妻，脫離了低級趣味的夫妻，必然能把日子過成分租房裡的好兄弟一般，毫無雜念。

據我觀察，有娃的夫妻最是愛學習，從孩子上幼兒園開始，夫妻倆的學習積極性就無限拔高，逐漸替代了肉欲，一發不可收拾。

讓他們在床上討論新版拼音和音標以及給娃做ＰＰＴ的思路與技巧，比滾床單更能令二人心曠神怡、熱血沸騰；如果一方能把孩子幼升小的整體構思和把握闡述一遍，將自然造成雙方多巴胺的劇烈飆升，從而產生特殊的快感。

這快感不但能促進感情，還安全，至少不會意外懷上二寶。

沒錯，有了娃之後，同床之情逐漸變成同窗之情，雙方在「色誘」與「學習」二選一的人生道路裡，果斷選擇後者，大義凜然的樣子完全可以載入史冊。

純友誼的夫妻是最穩固的婚姻模式。

你看看那些整天互嘴的小夫妻，動不動就把「你是不是不愛我了」掛在嘴上，這不利於安定團結和相互信任啊。

我們懂事的老夫老妻就不這麼想，我們已經提前過上了夕陽紅的生活，我們說什麼了嗎？團結緊張，嚴肅活潑，沉穩有序，淡定自信。

我的一個朋友說：「我們家現在睡覺的排列組合，按降序排列是『我＋兒子』、『老公＋兒子』、『我＋老公＋兒子』，就是沒有『我＋老公』。這夠不夠純潔？」

「可是偶爾你們兩人不打算浪漫一下嗎？」
「浪漫？我能想到最浪漫的事，就是能自己一個人好好悶頭睡個安穩覺。」
「難道你不愛他了嗎？」
「大家都這麼熟了，你看你，說這些幹麼，傷感情……」
大多數夫妻是從激情澎湃的少男少女變身為性冷淡，一大半功勞在於孩子，另一半歸功於自己的神經病，不客氣地說，神經病嚴重的一方通常是女方。

「老公，剛剛是不是聽到娃叫了一聲？」
「沒有啊，你聽錯了吧。」
「你快去看一下娃是不是醒了。」
看完之後，「看過了，沒醒。」
「快睡吧，別把娃吵醒了。」
沒有下文了，一場遊戲一場夢……

當小嬌妻們進化為中年婦女，精神方面的問題可能就更嚴重了。
上班時兢兢業業為工作拚殺；聚會時要和各路中年少女們爭風頭；菜場裡要和小販們斤斤

計較，務必做到買蔥搭蒜、買西瓜送芝麻；回到家還要操持三餐家務，線上線下為孩子海陸空立體環繞式服務……

好不容易作業寫完了，英語單字背了，琴也練了，球鞋也刷乾淨了，正打算窩在被窩裡追個劇，螢幕裡突然出現了少兒不宜的鏡頭……想起「公糧」已經許久沒收了，夫妻二人已經許久沒有纏綿了……氣氛有點尷尬了……

彼此看看各自縮了水、褪了色的舊睡衣，交換了一個「你懂的」的默契眼神之後，決定——今夜，我們繼續放愛一條生路，早點洗洗睡吧！

最後到達**靈魂的巔峰——佛系夫妻。**

怎麼個佛系法呢？就是只要身體一碰床，乾柴先睡著，烈火則如釋重負地放空大腦，滑滑朋友圈，毫無違和，從無爭議。

可以說是真正實現了民主、文明、和諧、自由、平等、公正、法治、敬業、誠信、友善……

這是個圈，從純友誼開始，以純友誼結束。

想當初從純友誼幻化出多少的不可描述，繼而乾柴烈火、你儂我儂，然後呢，愛情的結晶帶來了革命友誼的昇華。

一起買學區的房子？沒問題。衣不解帶照顧對方？沒問題。一起對付七大姑八大姨？沒問題。

但親親抱抱舉高高？呃……也許是前些年多巴胺分泌過多過快吧，如今乾柴還在，烈火卻悄悄地熄了……

至於中年夫妻，你問他們台海局勢、南海爭端、北韓核武問題、美俄制裁、貨幣匯率、供給側改革、區塊鏈趨勢，他們可能脫口就來；你問他們補習班行情、擇校策略、各大醫院黃牛聯繫方式、五金維修小店電話，他們也馬上就能回答你。

但是如果問他們上一次滾床單是什麼時候來著，他們會陷入沉思，掏出萬年曆……

十三說

在二〇一八年的夏天，我在一個通訊群組裡半開玩笑地推銷一盒保險套。最初的開價是一百二十元，後來降價到四十元，再後來免費送，還搭送十六件小禮品，結果居然是沒有人要。

不要的主要原因竟然是：**這盒產品有效期到二〇二三年，五年裡用不掉這一盒，浪費了。**

中年人的性生活現狀，真的是赤裸裸地扎心。不過沒有人真的把這個太當一回事，中年夫妻的婚姻和感情，又豈會敗給這種細枝末節？我們都是在學習路上奮勇前行的戰友，即使沒有同床情誼，我們還可以重溫同窗友誼，它照樣令我們的感情百尺竿頭，更進一步！

— 3 —

「雲配偶」

若說女人似水，男人則如水蒸氣，在你毫無察覺的情況下蒸發，直至升到雲端……

婚姻對中年女性來說，究竟意味著什麼？

這個議題太過龐大，以至於大部分女性都懶得思考。即使思考，想著想著不是鑽了牛角尖，就是不知不覺跑偏了。

以前總認為，婚姻是一種陪伴。結了婚才發現，情況可能不是想像中的那樣簡單。現在很多中年媽媽喜歡提兩個詞：喪偶式婚姻、詐屍式育兒。其實，歸根結柢都可以用「**雲配偶**」來解釋。

雲配偶的定義：以遠程交互模式存在的虛擬化配偶，平時儲存在雲端，常見無法同步、基本見不著、指望不上等bug，使用時必須提前手動下載到本地，碰上故障還會消失於伺服器，甚至原地爆炸。大多數時候由於來不及共享，只能將其供養在雲端，搞不好還能碰上烏雲，給你來一場雷暴雨。

雲配偶的特點：

一、雲配偶的科學成因

這個昇華的過程，大多數中年婦女都親眼見證過。比如我吧，自從結了婚，之前那個接地氣的男人就開始不斷昇華，從肉體的膨脹到精神的拔高，一直上升到……雲端。

從此，**他從一個真實存在、知冷知熱的物理男友，逐漸變成了一位虛擬的好老公。**當然，幾年後他可能會做出一個小型鏡像備份。

人人都說女人如水，我覺得吧，男人就如水蒸氣，在你毫無察覺的情況下，不知不覺地蒸發啊，蒸發啊，直至升到雲端。從此他就高高端著了，家裡但凡還沒有雞飛狗跳，他都不著急，躺在雲端俯瞰眾生，還時不時指點一下，你們人間的事兒都不叫事兒。

二、雲配偶的技術應用

雲配偶在初始階段使用了「雲幻想」技術，整合了高大偉岸和溫柔體貼或是才華橫溢等功能，令人欲罷不能。

但從婚後就開始衰減。

半衰期是從娃出生開始，比如每到娃大哭大鬧的時候，雲配偶自動蒸發，留下一句「找媽媽去」便切換到了「唯讀模式」。

然後進入加速衰減階段，類似星雲變換為黑洞的過程，其最後變換形態通常等同於接插有手機外設的禿頂沙發人。

從安全性上講，雲配偶還比較容易被外面的年輕訊號攻擊。

此時你就會發現雲配偶這種東西雖然易申請，但操作複雜，需消耗大量人力、物力、時間來維護。

在環境嚴酷指數增加的時候，比如碰上孩子期中考試、期末考試、上補習班、參加各種比賽、學琴棋書畫時，雲配偶可能會由於各種「干擾信號」導致數據丟失，消失得無影無蹤。

同時，遭遇複雜環境時，雲配偶也會突然產生爆炸現象。比如為了爭論到底是小鴨先到河對岸還是小雞先到河對岸的問題，而跟娃撕得面紅耳赤時，或是當孩子不讓他用二元一次方程式解題可他不用二元一次方程式就不會做時，他就會撂下一句「這孩子我不要了」，然後在帶娃時消失兩週以上，給用戶身心造成額外的困擾。

三、雲配偶的性能

請注意，是性能，不是性能力。

由於雲配偶是用雲幻想技術虛擬研發出來的，所以相同配置的雲配偶與以前實體的男朋友相比，性能要差很多。

比如**在大量家務事或作業出現後，雲配偶容易出現故障：**

輕則極度容易變得「屎尿多」或是能隨時被小孩哄睡著。

重則手指破了小皮或流個鼻涕需要臥床三週。

你會時常感覺這個雲配偶，已經不是從前那個完美的幻想中的男人。儘管他占用了龐大的雲端硬碟大數據，但該記得的一些事基本是記不住的，比如你的生日、結婚紀念日，以及各種需要發紅包的節日。

四、雲配偶的衍生物

雲配偶由於不能承載過多負荷，故衍生出了全能老母，上得廳堂下得廚房，做得了數學烤得了蛋糕，修得了家電賺得了鈔票，頂得家庭整片天，可以說，雲配偶為社會多培養了一類實用性全新人種。

曾幾何時，我也學著紫霞的樣子裝文藝，幻想著我的意中人是一個蓋世英雄，總有一天，他會駕著七彩祥雲來迎娶我。

我猜到了開頭卻猜不中結局。這結局是：他真的娶了我，而他自己卻留在七彩祥雲上不下來……

於是他成了我的雲配偶。

昨天我把雲配偶下載到本地了——由於我日理萬機、日夜操勞、吃得太多太油膩，導致急性膽囊炎，催了好幾遍才好不容易說服雲配偶推掉兩個會和一場加班，火速趕到家帶娃。

我心想這回他總算派上用場了，一出門突然想起父子倆的晚飯還沒著落，又怕他們叫了不健康的外賣，於是我趕緊拿出手機，挑了點又貴又健康的外賣，這才放心地去看病。

回頭一想，又被自己給氣死。

好不容易能順利把這個雲配偶下載到家，結果我一個病號還得管他倆的飯，感情這是雲端硬碟開始收費了啊……

這雲配偶的儲存倒是簡便易行無汙染，平時可以不費吹灰之力將其儲存在廁所、陽台、廚房、車庫、衣帽間、辦公室、高鐵、飛機……

每次緊急需要的時候，總會發現有這個時間把雲配偶下載到現場，還不如自己上。

一個德智體群美全面發展的資深中年婦女，一個文武雙全高瞻遠矚的優秀中年老母，一定不會把配偶當成是電冰箱和洗衣機一般的生活必備品。

他神出鬼沒——

當你身體微恙的時候，**他不在**。

當家裡電器需要維修時，**他也不在**。

當你苦苦鑽研科技手工作業的時候，**他還是不在……**

他時隱時現，彷彿神龍見首不見尾——

當你的娃獲得表揚和榮譽的時候，**他出現了**。

當你燉了一鍋香噴噴的排骨湯時，**他也出現了**。

當你冥思苦想一晚上也沒想通這道幾何題到底該加哪根輔助線的時候，咦，人呢？**該出現的時候他又消失了……**

他確確實實是你的合法配偶，卻忽而遠在天邊，忽而近在眼前。對我們的家庭生活提供有益的指導性意見，以及無用的指導性意見。

雲配偶和「雲端儲存」、「雲端智慧」一樣，聽上去很酷炫，但又讓我們一頭霧水，莫衷一是。

怎麼說呢？網路一線牽，珍惜這段緣。雲配偶在養娃過程中，總好過傳說中的喪偶式育兒和詐屍式育兒。

起碼，他走在網路尖端，層次高啊，帶出去也不失品味。

他們常常頂著配偶的頭銜雲遊在外，或許也能給無趣的中年老母生活增添些許詩意——

你看天邊那朵雲，像不像我配偶。

十三說

「雲」是一個多麼好的詞，「雲配偶」又是一個多麼形象鮮明的存在。過去我們總稱孩子的爸為「豬隊友」，既不雅觀也不全面，我用「雲配偶」這個詞創造出了一片新天地，廣大中年婦女對於把自己的丈夫尊稱為「雲配偶」樂此不疲，而丈夫也並未感覺有何不適。

其實有時候我們只看到了雲在天上俯瞰眾生，不著地，更不著調，卻沒有看到，有時候雲在默默地為我們遮擋刺眼的陽光、強烈的紫外線。雲還是有用的，主要就看你有沒有意願去發現他的貢獻。

—4—

雲配偶一落地，不是風就是雨

不是我們要求高，問題在於我們根本沒有告訴雲配偶，我們的要求具體低到什麼程度。

曾經舉辦了一場分享會，和大家聊了聊關於「雲配偶」的話題，標題是「論雲配偶的落地」。剛提到這個話題時，很多人的反應是：「幹麼要落地啊？還是飄著吧。雲一落地，不是風就是雨，更給我添亂……」

我想她們說的一定是有一些道理的，但肯定沒我有道理。所以我堅持要探討「雲配偶的落地」，目的是要證明雲配偶也是能落地的，而且落地姿勢可以非常漂亮，不需要臉先著地。

前幾天我的一個朋友，也是一位職場媽媽，跟我說：「昨天晚上接到臨時任務需要加班，打電話告訴老公，叫他給孩子做飯吃，然後陪孩子做作業，檢查作業。」

老公在電話裡問：「吃什麼？」

太太告訴他冰箱裡有些什麼食材，可以做什麼。

老公又問：「作業怎麼檢查？」

太太說：「就像我平常那樣檢查就好了。」

然後她忙自己的事情去了。為了早點回家，她匆忙把事情搞定，立刻趕回家，氣喘吁吁衝進家門時，看到父子倆一個躺在沙發上，一個坐在地上，正在玩遊戲。

她當場就發飆了，問孩子，「你幹麼呢？作業做完了？」

孩子說：「哦，還沒做呢。爸爸說，吃完飯再做。」

「什麼？你們還沒吃飯？」

「爸爸說了，先玩一會兒再吃。」

她很狂躁，但又不知道該幹什麼，只能發脾氣，罵兒子不主動做功課，罵爸爸縱容孩子，罵他們不做正事，光想著玩。

這個情緒演繹得很到位，符合大多數中年老母的high點，從小蘿莉變成霸王龍，也只需要這麼○．○一秒而已。

爸爸陪孩子的方式，和我們想像中的不一樣。我對她說：「也許如果你晚回去幾小時，他們飯也吃好了，作業也做完了，**你沒有看到其中的過程**，也就覺得花好月圓，皆大歡喜。」

但你偏偏非要急著回家，怪誰啊？只怪你自己太操心。

其實老母憤怒，並不真的是因為他們玩遊戲，而是我們一邊忙工作，一邊惦記家裡，在努力兩頭兼顧的情況下趕回家裡後，需要馬上得到紓解、支持以及安撫，而父子倆當時的表現和我們想像中差距太大。

我們一天積累下來的驚恐、焦慮、疲憊，正無處釋放。這種時候，雲配偶還往槍口上撞，不但沒有幫我們分擔，反而只知道自己舒服、享受，還幫倒忙，破壞了我們努力立下的各種規矩……

這才是我們憤怒的源泉，憤怒其實就是失落和無力感的結合。

很多雲配偶飄在天上，見不著人，這並不是最值得抱怨的；更慘的是，他明明在家，明明有空，見得著摸得到，但就是幫不上忙，甚至還總添亂。

看起來這朵雲落地到家，而實際上是一種落地的假象，更令人抓狂。

那麼問題來了，我們在心裡發火、在恨，甚至表現出歇斯底里，而我們的這些情緒，雲配偶到底get到了沒有呢？

他可能並不知道你到底在生什麼氣。

甚至他還會想：這個女人是不是到更年期了啊？一點點小事也要發這麼大火。

關鍵點在於：你有沒有明確表達過你的需求。

你不滿意雲配偶的表現，你需要讓他真正落地，但你似乎並沒有具體、詳細、認真地讓他知道，你到底需要他做到哪些。

要知道，男人是很遲鈍的。

結婚後，會比婚前遲鈍三十趴。

生完孩子後，又比生孩子前再遲鈍三十趴。

在當媽的事無巨細、大包大攬，把裡裡外外打理好之後，男人又多遲鈍了三十趴。

所以，你結婚前認識的那個對你心思細膩、一點就通，總是讓你特別滿意的、靈敏度特別高的男人，現在只剩十趴了。

那麼，女人就要多拿出九十趴的耐心和細緻，去教育他們，靜待花開。讓這朵雲優雅落地，是需要技巧的。

比如，就剛才這個朋友的例子，她光說「你陪孩子做作業」是沒用的，她必須這麼說：

「我希望你監督孩子在八點前完成所有作業，這個過程中如果他要喝水吃東西小便大便，你必須全程監督，防止他偷懶和拖拖拉拉。當他有不會做的題目時，你不要直接給他一個答案，而是要從他的課本上找到解題方法，再教他一遍。全部做完後，逐一檢查沒有問題了，再在上面簽字。注意：以上這些不能在玩完遊戲之後才做，因為會影響他睡覺的時間，孩子睡眠不足會發育遲緩，愈來愈傻。聽明白了嗎？」

別嫌自己囉嗦，這是一勞永逸的囉嗦。

我相信隊友此刻對於今晚如何陪孩子寫作業這件事，已經充分瞭解落地的方式和姿勢了。

而且，不要在心裡不斷地給自己設立預期：

期望我等會兒到家後，看到父子倆在書桌前父慈子孝地一起做功課，晚飯早就吃完了，連碗也洗好了，整個房間都一塵不染。更驚喜的是，孩子連琴都練過了。完美！

那麼你回家後，一定會失望透頂的。

這種時候要明確告訴雲隊友，你的需求是什麼——

「我不希望在我回家時，看到你們飯也沒有吃，作業也沒有做，房間一團亂，兩人都在玩手機。我已經累了一天，我希望你能在我偶爾加班的這一天，幫我做好我平時一直在做的事情。在我到家的時候，希望你們能讓我覺得開心，讓我沒有理由對你們發脾氣。反正你記住，我不開心了，大家都不會開心。就這樣吧，我也不多說了。」

我相信聽了這些，雲配偶也大致瞭解了利弊，好好活著不好嗎？

前陣子我自己在忙孩子的小升中，這個階段的老母親也是非常脆弱和敏感的。媽媽們每天在蒐集各種情報、瞭解行情、偵察路數，帶孩子東奔西走，走進一間間學校去考試、面試，然後可能面臨一次次被淘汰、被踢出局，緊接著再張羅下一場折磨。

我身邊很多媽媽在說起這個的時候，又是對雲配偶一頓吐槽。

主要原因在於媽媽們付出了大量的精力，積累了焦慮，看著自己的孩子走進一個個考場被甄別、被篩選、被挑挑揀揀、被淘汰，那種無助和失落，無處釋放。

而這種時候，有些爸爸往往會這麼說：「沒什麼大不了的，上什麼學校不都一樣嗎？不用那麼緊張，家門口的公立學校上上也行啊。」

爸爸說的有錯嗎？好像也沒有。

但爸爸這時候就像一朵雲，飄在高空，以上帝視角俯瞰眾生，對一個焦慮無助的媽媽所付出的一切，給出了一種令人無奈的否定。

雲配偶在這種時刻不能跟太太分擔什麼也就算了，還對她一肩扛的重擔表示出一種不屑和無所謂。這是素質問題，素質！

不是我們對雲配偶的要求高，我們的要求真的一點都不高。只是我們自己是有問題的，**問題在於我們根本沒有告訴他，我們的要求具體低到什麼程度……**

小升中這件事，你需要告訴雲配偶的是：

為了小升中我非常焦慮，已經到了崩潰的邊緣，你可以幫不上任何忙，但希望你支持我所做的所有事情。如果你不知道哪個學校好，你可以假裝虛心學習，向我請教，和我討論。但你不要說「你這麼瞎忙沒有必要，上家門口菜場學校也一樣」。

你還要告訴他：

我們和孩子一起經歷這場充滿挫敗或是贏得成功的戰役，榮辱與共，我衝在最前線，你可以躲在後面，但一定不要把我們往後拖，更不要叛變。如果你覺得真不知道自己能做什麼，就在那裡當和聲吧——

——這個學校看起來不錯。

——嘿，還真是。

——讓兒子去試試怎麼樣？

——我看行。

——要是考不上怎麼辦？

——不會考不上的。

——兒子那麼聰明，肯定能考上。

——哈，可不是嗎？

這樣一來，雲配偶就算成功落地了，順利參與到了小升中這件事情，重點是誰也沒受傷。

媽媽們希望雲配偶優雅落地，成為帶孩子的左右手，這件事看起來有點難，但最難的還是媽媽自己這一關，難度在於：我們能不能準確地說出我們的需求。

大部分媽媽說不出來，是因為懶得說，或是對雲配偶期望太低，以為他理解不了。

但是**不嘗試一下，你永遠不知道雲配偶的潛力有多大啊！**

大部分女人在有了孩子之後，會變得非常強大，正所謂為母則強。我以前也懶得去指揮孩子的爸，因為總是覺得讓他做還不如我自己來。愈是這樣，我們愈是以為自己太厲害了，隊友太弱了。

這件事我在六歲那年就知道了。

當時看電視劇《武則天》，插曲裡有一句歌詞是：**如果世界上沒有女人，男人將無法生活**。

這種強大，是好事，也是壞事。對於處理和雲配偶的關係，這不是一個很有利的條件。

示弱是聰明人的生存法則，逞能是笨蛋的處世哲學。

多數媽媽都是笨蛋，但又要逞能又要抱怨，這就有點不明智了。

女性總會在時不時的崩潰中默默強大，男性容易在自以為強大中突然崩潰。

對雲配偶，我們也應該知道他們的薄弱環節，其實就在於敏感度和悟性。有些事，女人覺得傻子都應該明白，但對雲配偶來說，還真是不明白。**對待傻子，我們要時刻不忘初心：這個傻子是我自己找的，自己找的……這樣，你就有耐心和毅力去改造傻子了。**

雲配偶客觀存在，普遍存在，與責任的束縛相比，他們更關注情感互動體驗連結。

不少人經常責備雲配偶做得太少，說著說著，「雲」們真的不好意思多做了，否則不符合你的預期……只有我們自己先放下執念、偏見、傲慢，去耐心地、細緻地表達需求，才能教會雲配偶如何落地，潤物細無聲。

一個老母優秀不優秀，不是看你把孩子帶得有多好，而是你連雲配偶都帶好了！

十三說

在討論會的現場，我曾邀請一位爸爸聊一聊他對「雲配偶落地」的感觸，談一談自己心目中對這件事的理解。那位爸爸先做了一番自我檢討，隨之就開始闡述自己的無奈：有時候不是不想帶孩子，是實在不知道該怎麼帶，帶著帶著就煩了，只好選擇逃避，眼不見為淨。

說得好像媽媽天生就知道怎麼帶孩子似的。不過確實對於男人來說，帶孩子是個十分女性化的動作，他們要逃離自己的舒適區，也許才能做好這件事。

我只想說：帶不好孩子一點關係都沒有，只要多多理解帶孩子的媽媽，感同身受地去給媽媽多一些支持和協助以及呵護，那就起了相當大的作用。這個環節不比帶孩子這件事本身更容易。

—5—

中年夫妻最後的倔強：人狠話不多

世上最安全的夫妻關係，就是「雲恩愛」：眼不見才恩愛，正所謂「距離產生美」。

有人問：「結婚久了，夫妻倆溝通的方式會不會有什麼不一樣？」

當然很不一樣了，我和隊友現在的溝通……嗯……怎麼說呢？就是更純潔無私，更公開透明了吧。

用一句話概括就是「**人狠話不多**」。

比如，昨天晚上我們倆的全部交流就在下一頁的圖中，而這僅存的交流，還是發生在某個通訊群組裡。

幸虧有了這些通訊群組，給了我們老夫老妻一個對話的平台！

更重要的是，讓廣大朋友們發現我們倆還挺恩愛的，居然還有話說……

如果沒有手機，世界將會怎樣？

別的不敢說，夫妻倆大半夜在家裡可能互相找不到對方。

如今，對好多已經沒啥纏綿欲望的中年人來說，只有通訊軟體才是溝通的平台，朋友圈才是恩愛的秀場。

有一次我在朋友圈發了張自拍，隊友在評論區裡發了三枝玫瑰花。

朋友說：「你老公秀恩愛秀到朋友圈來了。」

我才不會告訴她們，這位在朋友圈裡秀恩愛的先生，上一次給我送實體花大概是十年前了吧。

現在我們在家如鋼鐵兄弟情，出門像取經師徒情，在網上則必須保留一絲性別元素，來一點傳統意義上的恩愛，這叫「雲恩愛」。

晚上我在書房畫畫時，我老婆給我打電話叫我去給娃泡奶，她在臥室等著

有一天，我看女兒和我老婆躺在床上關了燈。我百般瀟灑地走出臥室說了一句：「just call me!」那一刻我在老婆的眼裡是發光的。然後下半夜我老婆蓬頭垢面地走出來對我說：「call毛的me! 你手機tm丟在房裡了。」

中年夫妻借助通訊工具溝通情感這件事，絕不是一蹴而就的。從孩子剛出生開始，很多時候我們就得身不由己地拿出手機，閉上嘴。

一開始可能是這樣的：為了高效溝通，能用手機的時候就不用直接喊話（見上面的圖）。

到後來可能就是這樣的：用手機喊話也解決不了溝通效率問題了（見下面的圖）。

慢慢地，沒有手機就是夫妻倆溝通的最大障礙。

直到現在你猜怎麼著?!

那天兒子接到一個做小實驗的任務，我不清楚具體細節，匆忙地先幫兒子準備好材料，就去寫稿了。

過了很久，隊友從娃的房間給我發來訊息，「**你這些材料不對，得重新準備。**」

我回他，「**你怎麼不早點告訴我？**」

他回我，「**我剛才在廁所沒帶手機，怎麼告訴你？**」

……

是啊，沒有手機就是不行，畢竟只有傳訊息說話的時候，我才能語氣平和順暢，也不方便立馬動手。

「訊息」他老人家還真是解救了中年危機啊！

在雲端，我們倆相敬如賓，有理有據，邏輯清晰，包容有風度；到線下，像刺蝟豎起了刺，什麼恩愛，不存在的。

「雲恩愛」是中年夫妻最後的倔強，這種恩愛就是：眼不見才恩愛，見著了各種看不順眼。正應了那句話：距離產生美。

雲配偶加了三天班，我在家帶娃歲月靜好，傳訊息給他都是噓寒問暖，冷不冷，餓不餓，幾點回來；他一正常下班，在家就雞飛狗跳，我倆要麼不說話，要麼就吵架。

見不到的時候，在線上的時候，相隔數里的時候，雲山霧罩的可恩愛呢。

一旦兩兩相對，大眼瞪小眼的時候，就恩愛不起來，互相對邊坐，一起癱軟在沙發上，一

人捧一支手機，必要時還能發消息對話：

「明天早上吃啥？」

「聽你的！」

不知道的還以為這是情話綿綿，殊不知兩人就像地鐵上挨著坐的陌生大哥，互不干擾，假裝不認識……

這不是人性的扭曲，也不是道德的淪喪，只要你多混幾個夫妻倆同時在的群組，就知道其中的奧祕——見上圖。

一個優秀的雲伴侶，不僅要做到物質形態上忽隱忽現，飄忽不定，也要做到意識形態上攜手同行，同仇敵愾，這才叫優秀的人生合夥人。

網路是中年夫妻精神上的美顏相機，只要我們倆一上線，我就容易產生一種錯覺：「這是別人家的老公」，於是態度馬上好多了，觀感也柔和了起來……

回到家對著彼此的老臉，卻沒辦法欺騙自己，於是形勢大不相同……

在線上求助解題（如上圖）。
在線下求助解題則是：

「這道題怎麼做？」

「這麼簡單你都不會？」

「就你行就你行？一個晚上做一道題，什麼正事也不做，你還有什麼能耐？」

「你有本事自己做出來啊！」

@#¥%……&*（^O^）／#

……

你看，只有在雲端交流才彷彿是一個正常人。

畢竟一進家門，看到對方，就像對著一面照妖鏡，裡面都是家族屎屎尿屁，數不清的雞毛瑣事、做不完的家事和處理不完的帳單……

真不曉得是肉體拖累了精神，還是精神昇華了肉體。

世上最安全的夫妻關係，就是雲上的日子。

面對面，很容易出現無法預估的障礙，逼不得已的時候還得硬著頭皮聊——

「大兄弟，你這襯衫又緊了啊！」

「彼此彼此，你的腦門兒也愈來愈晶亮了嘛。」

剛結婚的時候，我老問隊友：你哪時候退休啊？能多點時間陪陪我。

現在我常問隊友：

你哪時候出門啊？

你哪時候出差啊？

你想不想嘗試一下離家出走呀？

不在雲端的時候，真的是此時無聲勝有聲。

一切盡在不言中，多說一句都是空。

現在連吵架都用傳訊息的，回頭還能檢查一遍，查找哪些地方發揮得不好，便於下次提升。

而這種無聲勝有聲，又帶來了中年夫妻的另一種恩愛方式，叫「懂事恩愛」。

懂事恩愛——我在各種煩的時候，你要懂事，不許來煩我，不要讓我看到你的人，聽到你的聲音……

安靜，就是一種懂事。

有些隊友就比較不懂事，和老婆沒話說本來挺好的，卻偏偏不停製造噪聲。

我一個朋友說她老公在屋裡看電視劇，竟笑出聲來，看五百遍還能這樣子，真的是很擾民。

最後她不得不傳訊息提醒隊友小點聲。

中年夫妻的聊天對話，有時畫面很美，充滿想像空間，讓人看得熱血沸騰（見上圖）。

這曖昧叢生、情感起伏跌宕的對話，意味著後面有什麼不可描述的雲雨嗎？

然而實際上是「君在大床頭，我在大床尾，深夜話情緣，網路一線牽」，然後……然後就沒有然後了。

談何雲雨，**中年人現在只有在雲端翻雲覆雨。也只有雲恩愛才能實現真正的生命大和諧啊！**

十三說

什麼事都要與時俱進，夫妻間的交流也是如此。有時我們常常會覺得老夫老妻真的沒什麼話可聊，甚至面對面可以坐一晚上，各自捧著手機也沒什麼交集，覺得這真是沒有共同語言、走到了盡頭的感情啊！

其實，換種方式，嘗試新鮮的溝通，也不失為婚姻裡的一點小情調。

有一陣子，我和老公還經常用各自公司的工作信箱互發郵件，內容不外乎「別忘了給兒子交餐費」之類的雞毛蒜皮，每次雞毛蒜皮後面跟著一大段正規的工作title，那感覺也是很奇異的，就像在跟客戶聊天，特別互相尊重和重視，絕對不容易發火，真的。

— 6 —

中年人的表白

中年人的表白，含蓄到無法用言語表達。

假設在一生中，我們平均每個人用六十年去愛一個人，如果每天說一次「我愛你」，一生總共要說兩萬一千九百次。

如果每週說一次，這個數字變成了三千一百二十次。

如果每月說一次，這個數字是七百二十次。

如果每三個月說一次，則變為兩百四十次。

如果一年才說一次，一生就一共只有六十次。

想一下，有多少含蓄的人，對一個和你共處一生的親密愛人，漫長的一生中可能連六十次

「我愛你」都達不到。

我們努力地尋找字眼，遣詞造句，堆砌華麗，就為了有個不一樣的表白來代替「我愛你」。

小說《茶花女》裡，瑪格麗特說：「**我在床上，飯在鍋裡。**」

張愛玲說：「**你還不來，我怎敢老去。**」

而現在的中年人表達愛的最佳話術，也許是「**這道題我來給娃講，你去休息吧**」。

「五二〇」前幾天看到商家貼的大海報：愛她，要說出來。

孩子他爸對著那張海報露出一個輕蔑的微笑，連我都跟著一起附上了不屑一顧的冷笑，「哼哼，你們是作業太少，還是家務不夠？」

你看，**曾經也是誇張地要玩浪漫，沒有浪漫也要製造浪漫的我，如今修成正果，絕對佛系。**表白這種事情，一旦刻意來做，豈不是降格嘛。

很難想像，一對中年夫妻正在商量週末的才藝班去掉哪一個，才能再塞進一堂又貴又難但也許會有用的數學課，在這團結緊張、嚴肅活潑的氛圍下，孩子的爸突然放下手中的計算機，深情凝望著對方，溫柔地來了一句「我愛你」……

「嗯？你說啥？你做了什麼對不起我的事了？」

神經病啊，我們不要面子的啊！

畫風真的不和諧。

真的，我們中年人的表白，一般人理解不了，但絕對不是這樣赤裸裸的。

我們甚至含蓄到用「讀萬卷書，行萬里路」的方式，只為讓對方感受到「我愛你」。

從「今晚月色真美」到「去散個步嗎」，每個中年人心裡都藏著一個文藝青年。

不過大多數中年人，吵架的次數倒是遠遠高於表白次數。

有時羨慕西方人的愛情，多直白啊，我愛你，我愛你，一天能說個百八十次，說得不愛都愛上了。可東方人呢，真可謂是「吵架的巨人，表白的侏儒」。

剛結婚時，我老公說要一起去吳哥窟，因為看了那部《花樣年華》。

他說：「吳哥窟就像是一個未完待續的愛情聖地。」

當時我想也沒想，覺得比較浪漫，後來愈想愈不對勁，未完待續？愛情聖地？總覺得哪裡怪怪的……但是凡事要往好處想——

多麼優雅和文藝，帶上最愛的人，去尋找愛情裡的那一束光……你看，東方人極致的含蓄表白，比一句「我愛你」豐滿多了，西方人肯定是辦不到的。

然而那一場旅行一點都不像未完待續的愛情之旅，倒像是一場拆散戀人之旅。

行程安排的失誤，中途生病的焦灼，互相埋怨對方找的旅館不好，溝通不暢導致行李丟失……好好的一段愛情朝拜，成了一路吵架的鬧劇。

這位直男也許本想來一段梁朝偉式的愛情表白，最後卻以冷戰兩週收尾。

生完小孩後，我有將近兩年的時間身體不好，各種小毛病不斷，慢慢好轉之後，孩子的爸覺得是時候撫慰一下我這個新晉老母，便又打算安排一場旅行。

說是重溫了《西雅圖夜未眠》，要帶我去美國尋找愛的足跡……

你看，中年人的表白手法又是這麼深情——執子之手，帶你去玩——這不是比說一百句「我愛你」更管用嗎？

我連續感動了好幾個禮拜。

拋下兒子，二人世界，本來應該好好珍惜的，沒想到從第一天開始就狀況百出。再加上第一次離開孩子，心裡總是惦記，心情焦慮，草木皆兵。

十天換四、五個地方，幾乎每天都要收拾行李，做行程攻略，本來是出來放鬆的，結果搞得一點不比在家裡輕鬆，愈想愈來氣。

唉，不是我脾氣大，中年人「愛的表達」真的有點難。要想攜手玩浪漫，各種前提條件很重要，要輕鬆，要舒適，要不累，還要處處順心，無牽無掛。

沒有這些前提，任何「行萬里路」的表白都是累贅。

中年人的表白，含蓄到無法用言語表達。有時候，當你早上在廚房一言不發地準備早餐，一個轉身就能看到對方把你打算從冰箱裡拿出來的牛奶遞到你手裡，這就是一種表白。

表白，無非就是告訴對方：**我們已經是彼此生命中不可缺少的一部分**；無非就是告訴對方：**我最瞭解你，也最接受你**；無非就是告訴對方：**當我看過你最張牙舞爪、邋裡邋遢、笨拙、懶惰、不修邊幅的樣子之後，我依然還願意為你準備早餐，你還願意默契地為我遞上牛奶。**

十三說

說「我愛你」好像真的有點難，不過表達「我愛你」並不是很難，因為方法太多種多樣了，而且每一種方式其實都是在給孩子做示範。比如有一次，不善言詞的木訥兒子把一盤切好的水果端到我面前，然後用小勺子把西瓜上的籽一個個剃掉。

這是他看到爸爸經常會做的一個小動作，爸爸幫媽媽把西瓜籽剃掉，這是愛的表達。孩子學會了，他也有了愛的表達。他們雖然沒有說「我愛你」，但這種只有我們三個人才懂的「我愛你」，不是比什麼都來得更幸福和可貴嗎？

—7—

中年婦女秀恩愛的最高境界：「我家孩子都是他爸管。」

睡覺時中間隔一個死活要一起睡的娃，給了彼此更多思考人生的時間。

我媽看著我和我老公，語重心長地說：「你倆長大了，再也不會因為一個想吃魚、一個想吃肉而吵架了……」

媽，開什麼玩笑，畢竟我們兩口子是共同經歷過吃兒子剩下的米粉、一起在高級餐廳吃過兒童套餐、擅長把娃啃了一半的雞腿塞進嘴裡的中年人，對吃還能講究？

也不光我們這樣，很多夫妻本來連吃飯都會吵架，因為口味不一樣，互不讓步，自從有了娃以後，我們的口味終於統一了——娃愛吃什麼，我們就吃什麼。

小孩都是猴子派來的救兵，稀裡糊塗地就拯救了爸媽的感情。

婚前婚後，夫妻倆細膩而詭異的情感變化脈絡大致如下：

結婚前，他的手牽著我的手，如春風拂面、河邊賞柳。

結婚後，他的手牽著我的手，如同左手摸右手。

有娃後，他一把拉住我的手：二營長！你的炮！

有二娃後，手……手呢？……

一個在跟大寶鬥智鬥勇吼作業，一個在抱二寶餵奶晃著哄睡覺，夫妻倆在家都跟牛郎織女似的見不著，久別後能拉上手都有觸電的感覺……

都說婚姻是愛情的墳墓，這是不客觀的。

婚姻雖然可以埋葬愛情，小孩卻是個挖墳的勺子，一勺一勺讓你們埋沒的愛情重見天日。

小孩對夫妻關係的影響是正向的，不信你翻到這本書後面，去看看第二百三十四頁的〈用作業挽救婚姻的媽媽們〉，就會重新愛上你的配偶。

很多人說：「我都不敢生孩子了。」

我就想對這些朋友說，為了糾正你們的錯誤理念，我特意給你們做了三個圖，分別表示了沒娃時、有一個娃時、有兩個娃時，夫妻感情的指數變化曲線。

假設大寶和二寶分別出生於結婚第三年、結婚第十年。

沒娃——夫妻感情指數變化

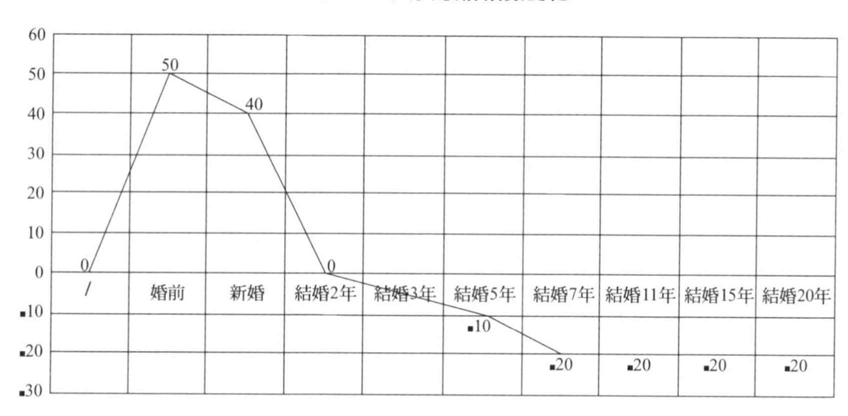

有一個娃——夫妻感情指數變化

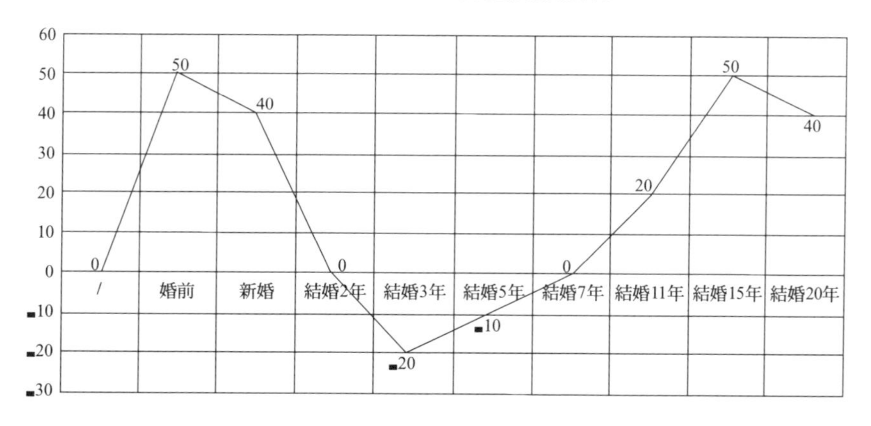

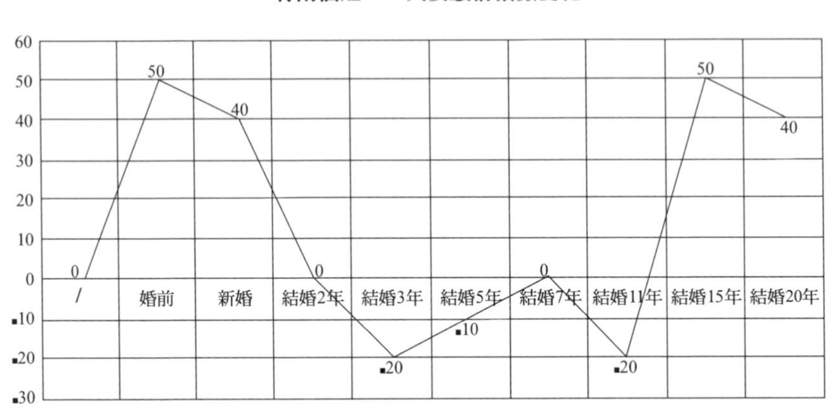

沒娃的夫妻（見上一頁的上方圖表）——

感情日漸蒼白平淡，三、五年之後成了純友誼，無波瀾也幾乎不可能重燃新婚時的激情。

有一個娃的夫妻（見上一頁的下方圖表）——

感情日漸蒼白平淡，突然生了一個娃，雞飛狗跳中，夫妻倆開始感情爆破，有一個短暫的混亂磨合期，隨著孩子的長大，夫妻二人日漸形成統一陣營，化愛情為戰友情，在孩子上中學後達到互相討拍的頂峰，形成二次熱戀。

有兩個娃的夫妻（見上表）——

感情日漸蒼白平淡，突然生了一個娃，雞飛狗跳中，夫妻倆日漸形成統一陣營；突然又生了一個，再經歷一次更混亂的磨合期，經歷了二次考驗的夫妻戰友情在對付兩個孩子的過程中昇華，化愛情為生死兄弟情，在兩個娃分別上中學後，形成了二次熱戀和三次熱戀。

所以，很明顯，沒有孩子的婚姻，就沒有機會發生二次和三次重新熱戀的可能性。

猴子派來的不是孩子，是丘比特。

有娃的老夫老妻，晚上躺在床上沒啥事可做，還可以做做數學題和閱讀理解，想一想今天沒做出來的那幾道題，到底是哪些知識上的缺失，互相督促抓緊補一補，也能增進戰友情。

而沒孩子的夫妻倆呢，晚上躺在床上沒事做，可就真沒事做了。

沒孩子時，還要絞盡腦汁來經營婚姻，想方設法琢磨如何減慢感情退化。

有孩子後，根本不需要做什麼來刻意維繫情感，只要一塊兒輔導作業，偶爾雙打一下，感情就昇華了。

經歷過真正的婚姻，你才會明白，愛情的真諦就是同仇敵愾，大家成了一根繩上的螞蚱，才能相濡以沫，恩愛無間。

小孩不僅是愛情的救兵，也是恩愛的風向儀。

作為一個中年老母，誰不知道如今秀恩愛的最高境界就是：「我家孩子都是他爸管。」

現在連我媽都掌握了獨門祕笈，知道探索我們夫妻倆關係的奧祕了——

當我教訓兒子時，隊友在一旁應聲，共同教訓，那就代表我們近期感情和睦，生活和諧。

當我教訓兒子時，隊友唱反調，我還要順帶把隊友一起訓了，那就表示我們近期鬧不和，估計剛吵過架。

年輕時，如果兩口子吵架，一方不誠懇道歉和彌補，另一方基本很難消氣，吵一次架差不多能冷戰三五天。

有孩子後，前腳剛準備摔碗鬧翻，後腳兒子捧著數學來問題目，我一看，我也不會，只能跟兒子說：「問你爸去。」

這一刻我心裡想的是「等你做完題，我再跟你吵」。

他爸拿起題目，仔細端詳，不出兩分鐘，伏案狂書，跟兒子詳細講解，答疑解惑，舉一反三，那偉岸的背影頓時性感起來，比拿著放大鏡在珠寶店裡給我挑最大的鑽戒還要令人心動……

一個架，還沒開始，就已經結束了。

家有讀書娃，想吵個架實在太難了！偶爾碰上了天時地利人和能關起房門吵一吵，還要壓低聲音，放慢語速，躡手躡腳，吵著吵著感覺怪怪的，像是兩人背著兒子在戀愛。

神經病啊，我不要面子的啊！

小孩對夫妻感情的促進可多著呢——

以前我們去看電影，總要在買票窗口前爭論半天，甚至有一次賭氣各看各的電影；有了娃以後，這種分歧也沒有了，我們全家親親熱熱地擠在兒童廳裡看《熊出沒》電影，吃兒童套餐，可開心了。

我雲以前不管我頭疼胃疼關節疼失眠健忘老寒腿，統統就一句「多喝熱水」；現在呢，我吼娃的時候，他還給我水杯裡加愛的羅漢果，輪到他吼娃那天，我也往湯裡多撒一把愛的枸杞。

自從有了娃，從乾柴烈火到玉潔冰清，睡覺時中間隔一個死活要一起睡的娃，給了彼此更多思考人生的時間，大家的覺悟和格局都提升了，真正做到了睡覺時都相敬如賓。

有娃後，我們一起進家長群組，一同經歷被老師點名讚好，共同接受大家的讚揚吹捧，享受過一起上台領獎的人生巔峰榮耀，一起暢享過想再生一個又共同決定再也不生了的大起大落，人生重大決定都在一瞬間，情比金堅。

沒娃前，我們一整天不發消息不聊天。有娃後，每天都發消息相互切磋：比如揪耳朵治娃法要「一揪二轉三提」才能達到效果；又比如分享一個小妙招：拍鎖骨可以緩解火氣……

沒娃時，每天晚上一人玩電腦一人滑手機形同陌路。有娃後，兩人分享育兒文章、教育金言和擇校攻略，一個在書房一個在臥室用手機彼此交流，心靈沒有距離，達到肉與靈的昇華。

沒娃時反對我鋪張浪費亂花錢的隊友，在有娃後，每次我報才藝班輔導班他都不反對，還誇我節約，知道報離家近的，省了油錢。

自從孩子功課愈來愈難，我們愈來愈像文盲，甚至共同遭到了娃的嘲笑之後，我們夫妻倆和睦多了，經常抱頭進行批判與自我批判，找短處，挖缺點，共同進步，還一起裝了學習ＡＰＰ。

在有了娃這個愛情的結石，啊不，結晶之後，家庭的凝聚力增強了，夫妻間的默契加深了。你吼娃來我遞水，我打娃來你助威。雙方互相看不慣的各種小問題，在對付兔崽子的大事業面前都不值一提，畢竟眼下當務之急是：擱置爭議，共同治娃。

週末去參加校園開放日，發現幾乎每家都是爸爸開車把媽媽和娃送來，放人下車，活動結束後一聲令下再立馬到指定地點會合，上車走人。

無數對中年夫妻，在這凌而不亂的配合戰中，行動老練有序又精練，如同訓練有素的戰友，各自還懷揣多種應變技能和 Plan B，默契度高到爆表。

這應該是靠多年來的各種輔導課、培訓班、大小比賽、接送陪讀，練就了縝密的行動綱領和毫無破綻的配合戰術。

就憑這無比默契和相互依賴的鋼鐵戰友情，就斷了很多人想離婚的念頭。

畢竟一想到以後沒人互相掩護，生活品質也高不到哪兒去，「想離婚」的下一秒先給自己埋下伏筆：「等把今年的輔導班上完再說吧。」

我們社區有一對中年夫妻，每天晚上都出來散步一個半小時，有時候還買一個冰淇淋，在我家樓下的涼亭裡你餵我一口、我餵你一口，互相依偎著數星星看月亮。是什麼讓他們的夫妻感情這麼甜蜜，大庭廣眾之下亂放閃，還不是因為他們家有一個高三生，為了不影響孩子念書而被迫散步。

所以你要是害怕愛情褪色，不妨趕緊生一個娃。如果不行，再生一個。

十三說

真的挺感謝孩子。倒不是因為是他保住了我和他爸的感情，而是有了他之後，我才真正成熟起來。很多時候，讓我們成熟的不是年齡，而是孩子的年齡。有了孩子，我們才像一個真正的成年人。

孩子有時候很純真，有時候又好像什麼都懂。面對他的純真，我們不想把大人之間的那些糟粕傳染給他；面對他的懂事，我們又不希望大人的情緒影響到他。孩子真的是婚姻的解藥，不管有什麼大病小災，有這個萬能藥方，沒有什麼病是治不好的。

—8—

最高級的婚姻，是不讓中間商賺差價

我們已經把感情掰斷了揉碎了撒進了每天的日子裡。

結婚以後，一定肯定確定會過的節就兩個：春節和清明節。原因很簡單，**這兩個節是家裡老人會負責提醒的**，其他節，得過且過；不得過，就在朋友圈裡看別人過。

對女人來說，情人節、婦女節、母親節、聖誕節、七夕，這些「以愛為名」以及強調「生活要有儀式感」的節日，都可有可無，到了一定年紀也就看明白了。現在我已經養成了看熱鬧的好習慣，從村頭小雜貨店買一斤瓜子，找鄰居借個小板凳，開始看戲。

隔壁村大黃兩口子看個電影吃個牛排都成了高級儀式感，老婆還要求大黃在朋友圈晒自己的美顏照（P得親媽都不認識），大黃剛一發，就獲得一大堆按讚。大黃前天還在群組裡約女網友打麻將呢，真會給自己加戲。

當然，如果雙方都願意配合，那也不是什麼壞事。一到節日就秀恩愛，我認為**這是用區塊鏈的思維模式在維持感情**——

三天兩頭通報張三李四王二麻子：你們都看好哦，我們兩人很恩愛的喲。

三天兩頭通報對象：你看好哦，張三李四王二麻子都知道我們恩愛哦，你給我老實點喲。

就這樣，既獲得了張三李四王二麻子的讚美羨慕，又能降低對象劈腿的風險係數，多好。

造作啊，人類上演一幕幕愛恨情仇的苦情大戲，折騰了自己，成全了別人，最後養活了一大批商人。

以前年輕氣盛，我還經常覺得挺不爽的，連「七夕」這種不知什麼時候冒出來的情人節，玩浪漫秀恩愛的人都鋪天蓋地。而我們這些已婚婦女，一年比一年過的節少，有些是忘了，有些是提不起情緒，還有些，乾脆是賭氣：哼，老娘還缺個節過嗎？老娘天天都過節！

如果嫁給了一個直男，請記住，他有「選擇性遺忘症」，你會發現，不該記的他都經常叨叨，該記的全忘了。

結婚後，別說七夕了，就連生日我都得提前一週暗示，一日三次，一次一示，再不行就加大劑量，到最後撕破臉明示，顯得又做作又要使性子……

後來，慢慢地不知怎麼回事，「不過任何節」成了一種風尚，彷彿不過節不秀恩愛的女人迎來了出頭之日，搞得像婦女界楷模，透露著一股強大的「哼哼哼」的腔調。

最重要的是，過節這種事基本是女人主導，只要你主動，就會有故事，而且是十八禁的那種，男人基本都能（硬著頭皮）滿足你。然而，現在的已婚婦女總是愈來愈懶的，工作、帶娃、家務，少許的空閒填補自己膠原蛋白和精神食糧，對恩愛的需求度降低了很多。

舉個例子，有一次我結婚紀念日，提前一週我還在暢想，要不我們來一次遠足。心裡想著跋山涉水的路上，二人敞開心扉彼此傾（吐）訴（槽）的浪漫景象多麼有戲劇色彩啊。

過了兩天，我仔細一想，要走那麼多路真的好累啊，而且耗費時間又太多，最好來個快一點又刺激的。他說：「好，我們去坐磁浮列車吧，坐到浦東機場，再坐回來。」

就這麼談不攏，最後我放棄和這個男人討論，決定還是從簡，就吃一頓大餐以資鼓勵算了。結果到了那天，傾盆大雨，我壓根兒懶得出門，兩人在家吃了一頓海鮮泡麵，慶祝了這個神聖的紀念日。

後來想想也挺好啊，人家都說：「愛對了人，每天都是情人節。」我說：「嫁對了人，每次過節都省錢。」

而現在，**「每逢佳節都省錢」，成了已婚婦女過節的大趨勢。**

如今，不秀恩愛的一夥人自娛自樂，秀恩愛的一夥人自我滿足，真恩愛但不秀的一夥人看著秀恩愛的一夥人暗暗發笑，不恩愛的一夥人看著秀恩愛的一夥人嗤之以鼻。不屑於秀恩愛的人和總喜歡秀恩愛的人不會成為好朋友。

當然，已婚婦女也不是所有節都不過。

有了娃之後，還得過兒童節。娃上幼兒園後，或許能過幾個母親節，因為幼兒園會讓娃給你做賀卡。上了小學就沒有老師叫他們做賀卡送媽媽了，但別急，你還能參與另一個節：教師節。

任何與娃相關的節日，媽媽們都牢記不忘，既不偷懶，也充滿激情，且往往都捨得花重金出血本。

不過，有娃以後，和自己有關的節日就更加寡淡了。

我有個朋友，兒童節結婚的，有一次她告訴我，她的結婚紀念日現在都是蹭兒子熱度，兒童節當天帶娃吃喝玩樂，在吃披薩的時候順便舉起檸檬水，對娃說：「寶寶，今天還是爸爸媽媽的結婚紀念日哦。」爸爸聽完立馬舉杯：「對對，來，慶祝我們的紀念日，乾杯！」

聽完她的故事，我就送了這首歌給她，你看這歌詞寫得多好：

沒，沒有蠟燭就不用勉強慶祝。沒，沒想到答案就不用尋找題目。沒，沒有退路那我也不要散步。沒，沒人去仰慕那我就繼續忙碌。來，來，思前想後，差一點忘記了怎麼投訴。來，來，從此以後，不要犯同一個錯誤。將這樣的感觸寫一封情書送給我自己，感動得要哭，很久沒哭，不失為天大的幸福。將這一份禮物這一封情書給自己祝福，可以不在乎，才能對別人在乎……

唱著唱著，自我修養又提高了。

燭光晚餐

不如兒童套餐

小林漫畫

我們心裡要有一點信念，**愛不愛這種事不要和別人比，幸福不幸福這種事要自己去度量。**既然女人總是把更多的重心放在孩子身上，連自己都忽略了自己，為什麼要求男人始終把重心放在你身上呢？

要知道，織女還能每年過一次七夕，如果她真和牛郎住一塊兒了，估計會懷念銀河對岸的。怎麼辦呢，誰不曾經是小公主？然而生活這把殺豬刀，見不得小公主老霸占著主位，該讓賢給年輕女孩去造作了。

過好自己的小日子，不給人添麻煩，更不給自己找麻煩，就是已婚婦女過節的自我修養。

有次情人節，我拖家帶口在國外漂著，忙得忘了這事兒。直到收到經常光顧的花店發來的簡訊：「**明天情人節，我們為您準備了一朵玫瑰，別忘了來拿哦！**」

我跟老公說：「可惜了，免費的玫瑰，來不及回去領。」

這個鋼鐵俠順著杆爬，「咱們不是貪小便宜的人。」

鋼鐵俠確實不貪小便宜，他從不白拿免費的玫瑰。

於是我從沒收到過他送的玫瑰。

歷數十年來我從他手裡接過的各種禮品，可以看出他是一個務實的男人。

當年找對象時，我媽說要找一個踏實會過日子的，這麼多年過去了我只想恭喜我媽，你反正是找對了女婿。你的這個女婿把日子過成了沉積岩，絕對夠踏實。

當然，在彼此的磨合中，他也在實用原則下逐漸開始考慮兼具美學與藝術並存，比如最近給我買的鑷子和矽膠刷頭，都是粉色系的。

作為他的好兄弟，我覺得他的這個舉動說明他可能還是覺得我有點娘。

我從他那裡收到過的最隆重的一次禮物是一套智力玩具，裡面有莫比烏斯環、魯班鎖、九連環……他抱著這一坨玩具告訴我：「聽說一孕傻三年，來，這個可以幫助你恢復智力。」

從拿進家門第二個小時開始，這套玩具陪伴了他整整半年，他的智力倒是飛速提高了。

其他禮物就更不用提了，比如送我一本他愛看的書，送我一包他愛吃的薯片，送我一場他愛聽的海底電纜科普講座……

我一朋友曾告訴我，她老公給她送過的最直男的禮物是一窩鴿子，說鴿子代表了詩和遠方。

還沒等他倆訂的鴿糧到貨，鴿子就越獄了，飛向天際，自己找遠方去了。

於是這個禮物是名副其實的「放鴿子」。

呵呵，男人。

說男人不懂女人，不會營造氣氛，不知道怎麼送禮物，那也是不夠客觀的。他們大多數時候只是不想讓中間商賺差價。

有了孩子後，我和孩子他爸很少有二人世界，一開始覺得好命苦啊，怎麼不能像人家那樣過著王子和公主的生活，一年到頭總有各種驚喜浪漫。後來慢慢發現，這樣挺好，實惠。

各種靠小約會小談心來坐實感情的節日其實都是甲方的陷阱，對我們來說很多餘——浪漫的人根本不缺這一環，不浪漫的人視之如糞土。

據統計，在情人節、七夕、聖誕節、結婚紀念日等以愛的名義來過的日子裡，最常出現的行為是：吵架。

每一段你肉眼看得到的纏綿悱惻背後，都有只屬於兩個人的掙扎揣測；大多數你看得到的平靜中都可能包含了大風大浪。

戰爭與和平在感情裡從不被剝離。

我就親眼見過因為辦公室裡的姊妹都收到情人節禮物而自己卻沒有，當場就把老公拉黑刪除的故事。

情人節，與其說是什麼福利，倒不如說是愛情的殺手。它的最大貢獻是讓人產生比較，心生妒忌。唯一看熱鬧不怕事大的人恐怕只有中間商。

對於感情裡的中間商們，年紀愈大愈不需要他們。

男人與女人的思路是完全不同的，你如果想和一個直男好好過日子，就必須徹底明白一個道理——**我們不出去吃燭光晚餐主要是因為我們家有蠟燭。**

只要你把蠟燭點亮，眼前的桌上可能只有煎餅捲大蔥和水電瓦斯帳單以及娃的B-考卷，那也是很給生活加碼的浪漫。頂多等豬隊友怒吼一聲「什麼玩意兒」時，狠狠吹滅那浪漫的火焰，那也不虧。沒有中間商賺差價的浪漫才是真的浪漫、飽和的浪漫、不怕丟人現眼的浪漫。

別人情人節最後的溫馨大結局可能是飯店裡鋪滿花瓣的大床，但是，還不是得把花瓣收拾乾淨了才能睡？我們不去，倒也不是嫌花瓣麻煩，主要是因為我們家有大床。

中間商以為搞這樣那樣的花樣可以促進感情增添生活美感，我們笑而不語，只看穿不揭穿。**不是因為我們不需要促進感情，而是因為我們已經把感情掰斷了揉碎了撒進了每天的日子裡**，如果一組數學題還不夠重燃激情，那麼就兩組，不行再加一篇閱讀理解。還用得著什麼比共同輔導作業更有美感的儀式？這一關能過，這無堅不摧的感情還需要什麼玫瑰花的檢驗？

帶刺的玫瑰只會暴露強顏歡笑的假象，只有帶刺的娃才能證實缺一不可的真愛。

一把年紀了，說自己沒過過情人節有點不大好意思，說沒情人也太沒身價了。

好多成年人強調自己不過這個矯情的節，其實是給自己找回點面子。大多是疲於生活，無暇浪漫。

還有些人的浪漫情懷不夠支撐激情，就只能依靠「給生活加點儀式感」來強加浪漫，如今的儀式都是走腎，為了「那個」的。

我們磅礴的腎上腺素走這點情懷還不是小菜一碟？但我們高尚的理想和追求不拘於此，我們的腎上腺素不獻給中間商，而是用到更偉大的事情上去，比如擇校……

不過情人節不代表我們沒有情人。

我們有情人嗎？都有。

往大裡說，愛情是一種貫穿生命的指引，**你想要讓自己感受愛情，愛情就在那兒。你要不想感受，那就不一樣了。只要是夫妻或情侶，但凡是自由選擇，多多少少都曾有愛情的影子。是影子就不錯了，有影子是因為有光。**

往小裡說，我們可以製造情人，比如孩子就是小情人。

我們對愛的定義是很龐大又微妙的，大到難以捕捉，小到時時刻刻。之所以把孩子當成小情人，是因為他容易被你俘虜，無條件愛你。

你的配偶可能是個鋼鐵俠，不懂節日的儀式感，也不懂製造溫馨，在情人節這種節日指望不上對方給你營造生活的小確幸，這種時候孩子就是生活的台階，和小情人一起過節，和這個愛情的結晶一起快樂地度過一個儀式，既沒有向生活妥協，又確實感動了自己。

說到底，過這種節日是為了「表達」，人需要有一個表達和被表達的情感寄託。**我們不在這一刻表達，就應該在另一刻表達，或者時時刻刻表達。**

我們沒有「母子節」是因為母子間的表達與日月同輝，無時無刻，充斥在生活裡，每天都會聽到「寶貝我愛你」、「媽媽我愛你」。而情人節之所以存在就是因為大人間「表達」的需求太強烈了。

話說回來，老夫老妻之間，又需要什麼樣刻意的表達才能維繫激情呢？可能最好的方式就是平淡吧。

有空過情人節，不如做一些更務實和增進感情的事，比如在開學前分配一下趕作業任務，海報我負責，你去買一罐五百毫升的飲料趕緊一飲而盡好給娃把燈籠趕製出來。

在這生龍活虎又匆忙的日子裡，浪漫就是撇開一切中間商，自己high起來。配偶能在今天搞定娃，補完所有欠下的作業，比送我什麼禮物都令人感動。

十三說

有的時候會看到朋友圈裡某某秀禮物，也會由衷地羨慕對方能享受浪漫。轉念一想，浪漫的人其實有很多，而**有很多真浪漫，卻根本是很私密的，我們無法察覺的，更不會大肆宣揚的。**

現在琳琅滿目的各種節日，徒增了很多消費管道，卻不見得能讓我們的日子變得比以往更浪漫。懂浪漫的人和有愛的人，平淡如水中也能常見真摯，中間商能賺到的，也只是應付於生活表層的那一波浪漫紅利而已。

—9—

模範夫妻就是戲搭子

能維持的漂亮婚姻背後，都有一對入戲極深的最佳男女主角。

每次老公對我說「爸媽已經在來的路上，一會兒就到」，我們總能以迅雷不及掩耳之勢，一個衝進廚房，一個衝進廁所，開始搶救前線大掃除。

這是考驗我們默契實力的攻堅戰之一。

這屆老年人喜歡「突擊檢查」，突然來看看我們。我很欣賞他們這種說走就走的精神，但內心裡的另一個小人總是會在這時唱起歌：

最怕空氣突然安靜，最怕爸媽突然的關心……

於是我們經常為了大局，或者說為避免一些麻煩，盡量配合演出，上演琴瑟和鳴、父慈子孝電視劇。

比如立刻停止訓娃或吵架，把氣氛調到唯美而自然的頻道。除了整理好內務，我們還要爭取在老人推門而入的一刻，呈現出絕美畫卷——

有一個乾淨到令人髮指的環境。

有一個穿針引線縫縫補補的媳婦。

有一個手握燈泡埋頭修理保險絲的兒子。

有一個大聲朗讀英語的孫子。

孫子身上還穿著奶奶織的毛衣……

在這樣的童話世界裡，大家其樂融融，盡享天倫之樂。

要知道，在長輩面前保持優雅團結，是非常重要的。

就當是陶冶了自己，成全了別人。

幾年前有一次，我當著我媽的面和老公吵架，老公基本沒說話，我劈里啪啦一大通。結果在接下去的足足半年多時間裡，我媽三天兩頭耿耿於懷：你這個臭脾氣，你這個臭脾氣……

打那之後我算是學乖了，在父母面前絕不吵架，盡量表演夫妻恩愛。

要實現**「三不一做」：不說配偶壞話，不告狀，不訴苦，做出一派祥和的美景。**

每次當我媽和婆婆聚到一起，就像兩個優秀的相聲演員，一個捧哏一個逗哏。一個說「我們不管他們，少操心」，另一個說「是啊，是啊」；一個說「孫子我們也不要多管，我們不添亂」，另一個說「沒錯，太對了」。

說完後，兩人分頭給我發消息，指導生活方針和育兒技能。

掌握了老一輩的這一特長之後，我和老公演技也越發成熟。平時在家裡為了帶孩子的事三天兩頭吵翻天，一旦聽到長輩發話了，馬上統一口徑，「好的，好的。」一點分歧都沒有。反正也不聽他們的。

在老人面前「演技」要好，在孩子面前更是需要精益求精。

有時我們倆正冷戰著，兒子突然出現，我立馬就能露出慈母賢妻的微笑，讓兒子感受到「家庭的溫馨」……

有一回老公又把電烙鐵堆在我書桌上，一桌子的鉗子螺絲發光二極管，我一怒之下，抓起電烙鐵準備扔出去。

正在這時兒子跑進來。

我端著電烙鐵的手微微一顫，說時遲那時快，擺出一個優雅的姿勢，對兒子說：「你看，爸爸的電烙鐵厲不厲害？等你長大了也可以學哦！」

……

論一個演員的自我修養。

作為經過多年歷練的最佳男女主角，我們深知「多一點演技，少一些煩惱」的道理。

關起門來我們可以以各種形式吵架、冷戰和拉鋸，但打開門面對親朋好友的時候，一致對外，伉儷情深。

那些經常秀恩愛的老夫老妻，關起門來還不是平淡如水，難道下班回家做飯洗碗收拾房間帶孩子陪作業的同時還能郎情妾意、你儂我儂啊……

如今，作為老夫老妻的我們連吵架都很少，頂多有個不經意的小不和，來個冷處理。

這樣的冷處理持續不了太久，經常會因為兒子一句話、爸媽一通電話、朋友一次約吃飯，甚至管委會大媽一次敲門簽字而突然間暫停，我們立馬像沒事一樣，你一言我一語，態度溫和，情緒穩定。

等這一切搞定，再回到二人世界繼續冷戰，即使已經記不清剛才是為什麼事不開心來著。

這是一種儀式感，是老夫老妻間的一種特別的小情調。

這也不是虛偽。要知道，沒個七八年鋼鐵兄弟關係打底，默契值不夠，是根本達不到這種純熟技藝的。我們這是實力圈粉，互相打氣。

十年夫妻，一份難能可貴的默契其實就在於：在不同場合有不同表現。

關起門：你這個男人怎麼一點責任心都沒有啊！

打開門：我家孩子爸爸對孩子還是很用心的！

關起門：我上一天班也累死累活，哪裡比你輕鬆了！

打開門：我家爸爸工作比較忙，比我辛苦多了。

關起門：你看看別人家老公「五二〇」還送花，你呢？

打開門：哎喲，都老夫老妻的，誰還過什麼節啊！

試想一點演技都沒有的夫妻，不但自己日子過得難受，還給別人添麻煩。只要不是不可調和的爭執，隨便把夫妻間的小打小鬧帶到公眾面前，那是幼稚的表現，不能證明你真性情和敢於做自己。

夫妻就是合夥人，總能在某種忘卻自我的邊邊角角發現共同利益。**能維持的漂亮婚姻背後，都有一對入戲極深的最佳男女主角。**

而這種入戲，其實都不累，已經是一種渾然天成的條件反射。就好比學霸也偶爾在考試時偷看一眼筆記，無傷大雅，分數更漂亮了，皆大歡喜。

去年參加公司家庭日旅行，途中好多天，能見到不少老夫老妻都因為一點瑣事不順心鬥鬥嘴，一轉身跟大家在一起又馬上喜笑顏開，像剛才沒發生不開心的事一樣。

唯獨有一對新婚的小夫妻，才第二天就開始冷戰，女的乾脆拒絕參加一切活動；男的一個人尷尬地混到了第五天，直到行程結束，還沒有把老婆哄好。

我們一群大齡老夫妻相視而笑，看到了自己當年的影子。

但這麼多年的歷練過去了，從二人世界到大千世界，沒有一點自如切換的演技，真的是很難成熟起來的。

大家都是千年的狐狸，沒兩把刷子成不了精啊。

真正好的婚姻關係，不僅在於二人之間的酸甜苦辣能共度，更在於當二人作為一個整體面對外面世界的時候，還能默契出演，收放有度，不給人添麻煩。

可以說是鍛鍊了演技，陶冶了情操，修練了自己，和諧了家庭。

《圍城》裡的褚慎明說：「**結婚彷彿金漆的鳥籠，籠子外面的鳥想住進去，籠內的鳥想飛出來；所以結而離，離而結，沒有了局。**」

婚姻本是圍城，現在有堵牆是拆不掉的，但很多人為它開了窗，不但更透氣，還能欣賞外面的景色。

打麻將有牌搭子，喝酒有酒搭子，夫妻做久了就成了戲搭子。

以婚齡十年左右的中年夫妻來講，沒有了新婚時的乾柴烈火，尚夠不到暮年時的雲淡風輕，正是磨練演技的時候。在親友面前要演出伉儷情深，在孩子面前要演出母慈子孝，時不時還得應觀眾要求加點兒智鬥小三、婆媳大戰、誰動了我的私房錢等戲碼。

起承轉合，眉梢眼角，遠景近景，偶像劇，動作片……戲要足，但不能過，心中再五味雜陳，七情也不能上臉。

模範夫妻，全靠演技。

誓要做一個德藝雙馨的老藝術家，為構建和諧社會添磚加瓦。

十三說

一個眼神，一個動作，一次皺眉，一彎淺笑，這都是老夫老妻之間才有的暗號，從某種角度來看，不失為一種獨有的情趣，獨特而智慧。

各行各業都有職業素養和規矩，當作「戲搭子」來看的話，夫妻這個「行當」講究的是說學逗唱，望聞問切，一切都能駕馭的前提下，才能做到一切都不需要去刻意駕馭。

「戲」是一種灑脫的生活觀，人生如戲，戲如人生。把日子過成了戲和把戲過成日子，都是最高的情懷，最大的智慧。

—10—

已婚男人都有點特異功能

指望不上他時，你便鍛鍊了自己；躲不開他時，你又不得不讓自己變成更好的自己。

我老公真的有特異功能。昨天我好不容易決定給自己放一天假，不更新粉絲頁，在家養一養生，睡覺吃飯睡覺吃飯睡覺吃飯，過一天輕鬆安靜無人打擾的公主生活！呵呵，誰知道，我老公也沒去上班。一個一百公斤的大活人在我跟前晃來晃去。

我剛想安靜地冥想一下人生，他就會突然在我耳邊叨叨，「我新買的大紅袍呢？」只要我想坐下來好好享受一杯咖啡，他忽然就從我後腦勺竄出來，「你有沒有拿我的發光二極管？」然後，「我的《百年孤寂》怎麼找不著了？」「你把矽膠槍放哪兒了？」「快來看這裡有螞蟻！」「我是誰？從哪裡來？到哪裡去？」……

我問他：「你為什麼不去公司？」

「我難得沒什麼事，在家陪你不好？」

「大哥，麻煩你上班去吧，我不用陪。」

「我上班的時候你又說我是雲，指望不上。呵呵，女人。」

有本事，這屆男人真有本事，總結能力愈來愈強。然而就在兩天前，當我因為要在一天內連續開三個會而忙得分不開身，需要人帶娃的時候，此雲卻在早出晚歸地上班。**這就是他的特異功能：我不想看見他的時候他一定在眼前晃，我需要他出現的時候他一定在別處忙。**

當然，還有當我約了飯局需要有人在家給娃做飯的時候，當我出門不想開車需要一個駕駛的時候，當我去醫院看病需要有人幫忙的時候……他的特異功能都尤為特異。

而當我想不受干擾地教訓一下兒子的時候，當我想把遍布全家各個角落的廢品收集起來偷偷扔掉的時候，在偶爾偷懶不做家務不想被人發現的時候……他特異功能的另一面也特異了起來。

老天讓我們嫁給男人，是為了來磨練自己——指望不上他的時候，你便鍛鍊了自己的能力；躲都躲不開他的時候，你又不得不讓自己變成更好的自己。

昨晚躺在床上，我一轉身，看到這一百公斤的巨嬰斜臥在我身邊，兩隻眼睛直愣愣地看著我，忽閃忽閃的大眼睛裡湧出一股湖藍色的漣漪，感覺像是又戀愛了呀！

我想起了前陣子網上流傳的一個測試，說凝望一個人十秒鐘，如果他喜歡你，他就會親你。於是我在心裡默數秒針，五秒，八秒，十秒！十二秒！十六秒！都快三十秒了，怎麼還一動不動？他依舊凝視著我，忽閃忽閃的大眼睛裡湧出一股湖藍色的漣漪，感覺確定是又戀愛了！

也許是直男不善於表達，想親卻下不去嘴吧！我幫他找了幾個藉口。還沒等我想完，他悠悠地飄出一句話：

「我知道了，連接DF做輔助線，陰影部分面積就是大圓減小三角形……」

說完，他猛地一個鯉魚打挺，從枕頭底下掏出未完待續的草稿紙，刷刷刷地畫圖、連線、計算，又一道世界未解之謎變態題被做出來了！

這全過程我沒敢喘大氣，直愣愣地看著他，足足凝視了一分鐘，深情而含蓄，忽閃忽閃的大眼睛裡湧出一股湖藍色的漣漪，是一如既往的失戀的感覺！

已婚男人的這項特異功能，也是拿捏得準的。就是他能以一種你本以為唯美柔情的方式，順理成章地告訴你，你在他眼裡還不如一道數學題勾魂。他可能不會凝視你十秒後就親上來，但他卻可能在凝視你的三十秒內泰然自若心無雜念，把你性感的臉蛋當成一塊黑板，然後用意念在上面做完一道幾何題……

而他卻永遠求不出你的心理陰影面積。

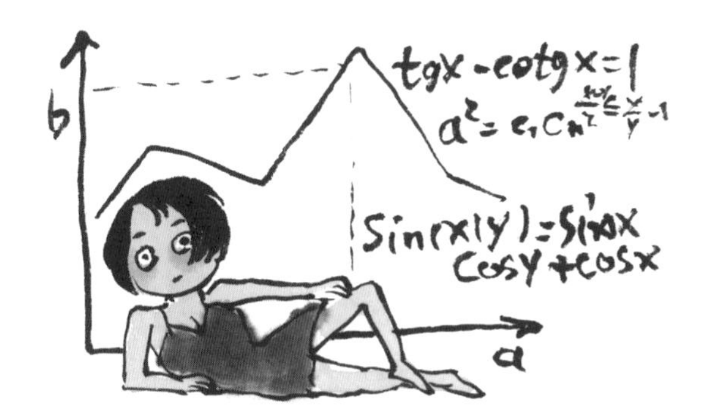

你永遠不知道
自己和數學題
哪個更勾魂

最近幾天我心情大好，**因為快開學了，你懂的。**我一時沒忍住激動的情緒，跟孩子的爸講述了開學的種種好處，痛斥了暑假對老母親的精神摧殘。

我激情飛揚地說了半天，他只冰涼地回了一句：「**有什麼區別，不都一樣嗎！**」

此時女人會十分好奇一件事：傳說中那種可以「進行靈魂深度溝通」的中年夫妻，指的是不是在探討蘇格拉底和畢達哥拉斯以及宇宙理論的時候才能深度溝通？真的，已婚男人的特異功能之一是深淺絕不可測……

他們由衷地認為「放暑假和開學真的沒太大區別」，但他們會覺得「去摘草莓和去買水蜜桃」是兩個完全異類的平行空間，而對女人來說「那不都是去郊區買水果嗎，有什麼本質區別」，呵呵。

「你這個口紅和那個口紅有什麼區別，完全一模一樣！」

但他那兩塊連內六角螺絲的位置都完全一致的用肉眼無法區分的硬碟，他能說出一千六百多個差異，呵呵。

他可能永遠不會試著用科學的方法和從邏輯分析的角度，去思考你為什麼認為開學能使女人這麼開心，他寧願就這一問題和你吵架、辯論、冷戰，也沒有辦法承認他的邏輯錯誤。

而事實是，這些雞毛蒜皮的事確實沒什麼好爭的，這件事也是我們結婚十年學到的 love & peace 特異功能。

是的，**男人往往用他們的各種特異功能，帶領女人也走向特異功能的終極頂峰，深呼吸。**

十三說

男人和女人來自不同星球。結婚前，兩個不同星球的人，都會看到來自另一個星球那熠熠生輝的光芒；結婚後，才能發現這些光芒除了刺眼，沒別的什麼價值。於是，透過那些虛無的光芒，夫妻倆開始看到了彼此星球上的刺，互相被扎，一起疼。

其實在生活裡，當我們從「努力想拔掉對方的刺」，到「習慣那些刺」，再到「適應有刺的生活」，甚至「享受刺痛的舒爽」，這個過程都是彼此的成長。

以前我們只會看到「別人的老公」有哪些亮點，如今卻也學會了看到「別人的老公的刺更多」，所以我們不是變得對自己的丈夫愈來愈滿意了，而是我們知道了沒有一對夫妻是完美的，沒有一場婚姻是絕對柔和的。我們能夠做到把對方那些曾經接受不了甚至痛恨的缺點，上升到「特異功能」的高度，付之一笑，落落大方，那我們對婚姻的包容度就真的夠高了，這也是對自己更好的一條捷徑。

—11—

老公和婆婆同時掉水裡，先救誰呢？

他臉上彷彿掛著一副對聯，上聯：既不會帶孩子，下聯：也不懂做家務，橫批：哼。

這是一道送分題。

千百年來的傳統問法一直是女人問男人：「我和你媽同時掉水裡，你先救誰？」現在情況大有不同，這似乎壓根不是一個問題，如今的女人不指望老公動手，大多數中年婦女不但自己會游泳，還很有可能隨便一個反手就先把婆婆撈上岸。老公還沒反應過來，一切就已經完美解決。也用不著誇獎讚美感謝，大多數女人接下來應該會面不改色地拔腿就走，沒什麼好說的，還得趕緊回家給娃做飯檢查作業，那麼多事等著呢。

但如果老公和婆婆同時掉水裡，先救誰就成了一個問題。

我婆婆有時候真的比我老公有用。比如在我特別忙而孩子又突然生病的時候，我老公可能又會「十分不巧」地出差去了，但婆婆會隨叫隨到，馬上過來幫忙。

又比如逢年過節給各種親戚準備禮品的時候，老公可能會丟下一句「別折騰了送什麼送啊」然後消失不見，只有婆婆會幫著參謀給意見告訴我怎麼送才合適……

教孩子的時候，老公可能只會說：「你聲音小點，他還小，大了就懂了。快，兒子，我們踢球去！」只有我婆婆還會添油加醋地在旁邊跟我兒子叨叨兩句，「聽媽媽的哦，媽媽說得對！」

老公早出晚歸，回來可能會被安排給兒子講講數學題，或是會待在書房繼續加班，我們倆一週加起來說的話，可能還不如我和婆婆兩小時內說的話多。

我們和婆婆不住在一起，可能這就是距離產生美吧。我試想了一下，**如果和老公也不住在一起，每個禮拜團聚一次，帶帶孩子，我會覺得，「哇！這個男人好優秀，每次來都能和孩子玩很久，太給力了！」**

可天天住在一起的人橫豎都是看不順眼的，每天見他，彷彿臉上掛著一副對聯，上聯：**既不會帶孩子**，下聯：**也不懂做家務**，橫批：**哼**。

所以我時常拿婆婆的這個例子來寬慰自己，你看，別人總說婆媳關係難相處，我和婆婆卻相安無事，感情融洽，相處愉快，也沒有什麼不和。主要原因就是距離產生美，在有距離的前提下，人對任何事都產生了莫名的包容和諒解。

於是我常常給自己製造一種幻想：當看老公不順眼的時候，我就對自己說：「嗯，每年只能見他一次，寬容點吧。」然後就真的感覺好多了。

真的，自從擁有了和織女一樣的心態之後，看牛郎怎麼都不會嫌棄了，會去多想他的好。「他還是挺幫忙做家務的，好多事不用我管」、「他還是對孩子挺用心的，經常問他學校裡的事」、「他還是關心我的，經常問我是不是忘了吃藥」……

夫妻做久了，誰也無法瞭解只有我們彼此才瞭解的默契和相處方式，唯有靠自己才能調節。

老公和婆婆同時掉水裡，無論我是從「孝順」還是「人道主義」或是任何其他角度，先救婆婆，一定是因為老公的自救能力比婆婆強，而對婆婆的這種孝順也一定很大程度上歸功於距離。

這種距離帶來的情感傾斜，給我們最大的啟發就是「**老公經常躲在廁所可能也是為了距離產生美**」，見不到的時候至少相對安全。

十三說

我認識一些兩地分居的夫妻，大部分是妻子帶著孩子在一個城市，丈夫獨自在另一個城市。每週他們會在兩地中的一處相聚，過一個週末，再回到原地。我發現一個特徵：這些妻子比較少抱怨她們的老公，頂多只會抱怨目前的狀態，覺得兩地分居太不好了。

她們是很渴望一直居住在一起的那種狀態，而身邊其他的中年夫妻，有些會很希望夫妻中的一方調動工作到外地甚至外派海外，這反差真的挺大的，也正好反映出來「距離」對夫妻的影響。

這正好也是一個巧妙解決夫妻關係問題的小技巧。我的方法是「假裝我們是分居，他在家做的一切都是我賺到的」，有些人的方式是製造出差或出去短途旅遊幾天，把關係調整到不那麼緊繃和焦灼的狀態。

方法有千百種，調劑的尺度只掌握在有智慧的女人手中。

第三章

誰誇我娃，誰就是我朋友

—1—

誰誇我娃，誰就是我朋友

孩子好是媽媽好，孩子所有的缺陷和毛病都是遺傳自爸爸。

討好一個中年婦女很難，她們太容易識破虛實，多數時候臉上笑嘻嘻只是給社會一點面子。**大家都是千年的狐狸**，你跟我玩什麼聊齋啊。

你以為能打動中年婦女的只是幾句「你還年輕」、「你不胖」、「風韻猶存」……其實這些廢話就如同我們對一個幼兒園小朋友說「你已經長大了，怎麼還不懂事」，或是對一個男人說「你已經當爸了，怎麼還這麼懶」一樣徒勞無功。

所有這些廢話加起來，都敵不過穿上衛生褲的那一刻，走到街上被人熱情地問候一句「姊，健康養生瞭解一下」來得實在。

哪個中年婦女不是捶打過千萬遍的大鐵鍋，耐敲耐磨耐熱還存得住營養價值，看起來很優秀了，但就是沒人家花拳繡腿的骨瓷小碗值錢……

然而，有一種人卻非常容易闖進中年婦女的內心，直擊她情感的罩門，融化她冷若冰霜的靈魂，成了她喜歡的人。

這一切是因為什麼呢？**因為這種人掌握了討好一個中年婦女的關鍵技能——誇她的娃。**

可不是嗎？一個中年婦女至少有九十趴的喜怒哀樂取決於娃的狀態和表現，以及來自外界的褒貶。

娃對中年婦女肉體與靈魂的直接影響力，甚至超越了大姨媽。

這就是為什麼每個月總有那麼幾天，容易遭遇一位情緒跌宕不定的中年老母，那很可能是碰上了她家娃小測驗、月考、大考，被老師罵了、被同學咬了，菁英班沒報上、比賽沒得名次，家長會上丟人了，或是在碰到以上情節時屋漏偏逢連夜雨，突然發現意外懷了二寶……

總之，孩子是中年婦女的晴雨表，更是中年婦女的交友準繩。

幾乎所有的中年婦女，在有了娃之後，社會屬性就變成了以「老母」為主，從此以後交友準則是「以娃會友」：

我們擁有**同年齡同性別**的娃，那我們或許能成為深度閨密。

我們擁有**同年齡不同性別**的娃，那也許能經常一起切磋。

我們擁有**不同年齡相同性別**的娃，那只會難得交流一下。

我們擁有**不同年齡又不同性別**的娃，就止步於點讚之交了。

我有娃而你沒娃，形同陌路。

我有一個娃而你有兩個娃，那或許能挽救我們的友誼，因為經常可以讓你說說你有什麼煩心事，好讓我開心開心。

如果**你有三個娃**，山無陵天地合才敢與君絕。

娃是中年婦女唯一的罩門，抓住這個罩門就能穩住一個老母。如果不把這個罩門當一回事，你永遠也不可能徹底贏得一個中年婦女的歡心。

我小表弟夫妻倆到國外度蜜月，發來一堆美照，我看著那照片上的新娘總覺得彆扭，又說不上哪不好，總之就是沒有眼緣吧，感覺也許這輩子和她也不會有什麼交集。

他們回國的時候來看我，小表弟掏出一套化妝品給我，「姊姊，這可是好多人推薦的，去皺保濕美白……」

怎麼？我需要去皺？我需要美白？你這是嫌我老？還是在秀自己年輕呢……

這種「直男式送禮」的馬屁簡直是中年婦女的砒霜，心裡雖然咒罵著，但臉上還是笑嘻嘻（地收下了）。

這時弟媳婦乖巧地掏出一套全英文兒童百科繪本，「姊姊，這個是給你家公子的，我看你們這小學霸平時那麼棒，看了不少原版書，我猜他一定會喜歡吧？」

這一瞬間，一直看不順眼的新媳婦，頓時變得又美又可愛又懂事了。

「哎喲，弟妹，你看你還這麼破費真是的……是呀，我兒子平時就愛看書，特別愛看百科類的，你眼光真不錯。」

「別客氣，姊姊，一看就知道你們全家都特別愛看書，父母薰陶得好，要不兒子怎麼會那麼棒！」

我發誓從此以後我要把這個弟媳婦當成自己的親妹妹一樣對待。

歸根到底還是女人最瞭解女人啊，其實討好一個中年婦女真的也不是很難，直截了當誇她的娃，比說什麼都更事半功倍。

我帶兒子出去的時候，有人會說：「你看起來很年輕啊」、「你保養得很好啊」……大部分都是沒話找話的寒暄，引申含義是「你都這把年紀了還努力打扮成二十幾歲的樣子真是辛苦啊」、「你得在臉上砸下去多少銀子才能顯得比實際年齡小八歲」……

碰到這種時候，我內心毫無波瀾，甚至已經用意念嗆回去了一百多遍，「你年輕了不起啊，誰沒年輕過，你老過嗎？」

但如果對方說「**你兒子好帥呀**」，我就明顯感覺好多了。

如果對方說「**你兒子真好看啊，和你一模一樣**」，那我就感覺他還真挺不錯的。

如果對方再補充一句「**你兒子真聰明，聽說兒子的智商是遺傳媽媽的**」，那我就認定他這個朋友了。

是的，**誰誇我娃，誰就是我朋友；誰愛我娃，我就愛誰。**

我們中年老母沒空洞察萬物、體察民情和小談心，一切簡單粗暴的誇娃，都是最保險和立竿見影的示好捷徑，我們基本上來者不拒。

中年婦女的優秀主要是娃優秀。

到了這把年紀聽別人誇自己優秀都帶著點酸意，但聽人誇娃優秀，那就重新找回了年輕的感覺，毫無違和感。

不信你去看吧，**中年婦女最好的相互取暖式社交方式——各自黑老公＋彼此誇孩子。**前者讓大家摒棄嫌隙，互生憐愛；後者讓大家彼此吹捧，心生傲嬌。

不知不覺中，中年婦女對娃的期望值更高了。

「我們家這次考試又考了全班第一」絕對要比「我又買了一組限量版精華眼霜」更值得搬上中年婦女下午茶的圓桌。

如果別人提起一個知名的補習機構，而你竟一無所知，你會低落好一陣子，感覺自己是個失敗的老母、墮落的女人。

而當別人誇你「哇，你兒子學了好多，你的時間管理真是厲害」，那感覺比誇你「哇，你又接了個大單，你賺錢的本事真是厲害」更能讓一個中年婦女感受到自身價值得到了莫大的肯定。

有一次聚會時，剛從法國旅行回來的某「風韻猶存」的中年婦女突然開始講述老公給自己買了一家酒廊的故事，我正聽得津津有味，突然一婦女端著手機尖叫起來，「啊哈哈哈！太好啦，我收到簡訊啦，我兒子被錄取啦！」

所有正沉浸在紅酒知識裡的中年婦女瞬間一擁而上，從剛才的「中年婦女被老公呵護疼愛有加並贈送昂貴酒廊作為生日禮物」故事裡一秒出戲，拔腿就跑，投入到了「中年婦女披荊斬棘克服萬難培養兒子在千軍萬馬中脫穎而出考上厲害的雙語名校」的講座之中……是的，當有娃能拿來炫耀的時候，沒有人要聽一個中年婦女秀自己；當有娃可以誇讚的時候，沒有人對中年婦女的小確幸感興趣。

如今，中年婦女刷存在感的方式很多元。傳統派的中年婦女忙著秀玄學養生、針灸拔罐；現代派的中年婦女熱衷於秀瑜伽和健身、馬拉松；居家型的中年婦女整天烘焙和烹飪、插花遛小狗……而所有這些中年婦女如果要找一個共同的能秀的事情，那就是陪讀。

只有娃，才是連接亞非拉乃至全球中年婦女的唯一紐帶。

把一個娃帶好是對人類綜合素質能力的終極考驗。

自己優秀不是真的優秀，光娃優秀也不是真的優秀，自己和娃雙雙優秀才是人生贏家。

通常來說，最有效討好一個中年婦女的方式就是忽略表面現象，直擊精神層面。

什麼是精神層面？

不是她有多麼博學，不是她ＥＱ有多高，也不是她身居高位，更不是她把社會的核心價值觀實踐到了什麼高度……而是那個流淌著她的血液、蘊藏著她的ＤＮＡ、繼承著她的智商、日夜被她蕩滌著靈魂的小孩，是個優秀的孩子。

這是中年婦女的物化轉移大法。

即使在中年婦女們那些廣為人知的歧視鏈裡，比如職場歧視鏈、購物歧視鏈、旅行歧視鏈，也總是把物化轉移作為降低別人對自己年齡增長和外表衰敗注意力的最好方式。

而最好的物化轉移，就是誇她的娃。
假如一個中年婦女沒有娃，就誇她的貓。

十三說

現在跟一個中年婦女聊天，技巧是很簡單的，在「你是如何做到這麼優秀的」和「你是怎麼把孩子培養得這麼優秀的」兩者之間如果只能選一個，一定選後者。讓我們大膽地想像一下，當一個女人逐漸年老色衰、記憶力衰退、體質下降、魅力減弱，你該如何去誇她？浮誇而又蒼白的話語，看起來顯得太無力了，唯有她的孩子，是一個未被挖掘完的寶藏。只要誇孩子，就是對一個女人最大的肯定。

記住三點：孩子長得好是媽媽基因好，孩子學習好是媽媽輔導得好，孩子所有的缺陷和毛病都是遺傳自爸爸。

這是讓一個女性感覺自己特別優秀並且這種優秀後繼有人、萬世流芳的寶典。

—2—

每天做一個優雅的中年老母

「優雅」二字，從娃出生後就與中年老母漸行漸遠了。

有一次，我辦了一場小型讀者見面會。當時我花了半個月時間，打造了一個法式沙龍味道的會場，和想像中優雅高級的貴婦派對很接近。

一切都很完美，直到第一批中年婦女粉絲團衝了進來……

這是一批來自上海、蘇州、南京、合肥、杭州……的中年婦女，她們是自費過來參加見面會的，所以我非常感動。我心想，以我們格十三的文藝腔調，首次見面應該是法式擁抱＋紅酒碰杯＋彼此互誇＋濃濃的情懷吧……我猜錯了。

中年婦女們一衝進來，先進廚房。

「來來來，我帶了烤鴨、鹽水鴨、燒鴨，還有鴨翅、鴨脖，快把盤子和碗拿出來裝一下吧！」

……Excuse me？鴨子？？？

緊隨其後的粉絲團衝進來，把剛擺好的鴨子推一邊去了。

「來來來，我帶了訂製款的蘇州最棒的手工糕點，哦對了，還有訂製的手工網紅年糕！我提前兩星期預訂才拿到的。」

……Excuse me？年糕？？？

兩位中年婦女開始找鍋子。

「我跟你說啊十三姊，我今天要給你做我最拿手的酸菜魚，保證你滿意！哦對了，你不能吃，那就保證其他人都滿意！」

……Excuse me？酸菜魚？？？

沒錯，她們確實在我的法式文藝沙龍暨粉絲見面會上，做了酸菜魚……

根本沒時間反應，現場已經有點失控，緊接著，更大的刺激來了！

第二群中年婦女團，捧著好幾大盆韭菜餡衝了進來……

「你們等著，我今天給大家包韭菜雞蛋餃子，還放了蝦仁！」於是，繼鴨子、年糕、手工點心、酸菜魚之後，龐大的粉絲團開始包餃子了……

包餃子的中年婦女們驚呼道：「哎呀，我忘了帶蒜！你們吃餃子要大蒜嗎？你們誰到門口菜場去買點吧。」……於是從為數不多的中年老父親中挑了一個身強力壯有腹肌的，「對，就你了，你去買點蒜。」……

你可以沒見過凌晨四點的上海，但你一定要見見下午四點的花園洋房裡，一個連的花季老母老父們第一次見面，就擠在廚房裡熱火朝天忙碌的樣子。

與此同時，朋友圈裡出現了另一個網紅正在舉辦她的北京首次粉絲見面會，人家的粉絲們在明亮的大房子裡一起戴項鍊，試戒指，玩水晶；我的粉絲們在明亮的大廚房裡吃鴨子，包餃子，剝大蒜……

於是大家得出結論：**中年老母們沒有優雅可言。**

每次想要偽裝「優雅」，總會感覺身體被掏空。

說到優雅，朋友談起她參加過的一場講座，內容是「女性應時刻保持優雅」，三十八歲「優雅女講師」對優雅的定義非常classic。

她說：「我很愛自己，尤其注重外表的優雅，一個月洋裝不穿重複的，回到家還要給自己換上一件真絲小睡裙，還是小包臀的那種。」

哈哈，真絲小包裙？天哪，輔導作業的時候一著急跳腳還不當場炸裂了？你看，我們這種浪蕩粗俗的中年老母，確實不配優雅。

我也想每天出門一身華麗麗的洋裝，回家後立刻充滿儀式感地在三十六種顏色的小包臀真絲裙裡挑一件換上，放一段《杜蘭朵公主》第三幕樂章，配一杯義式濃縮，捧一本三十二開的書，哦對了，還要來個松茸鵝肝＋酪梨蘸鹽……

以上優雅儀式完全可以實現，**如果我沒有娃，甚至連婚都還沒結的話。**

而豐滿的現實是這樣的：下班回家進門後連鞋還沒脫完就聽見一聲巨吼：「媽媽，快到群組裡幫我問問今天的作業！」

要知道，在掏出手機找到家長群組問作業之前，如果你還要非常有儀式感地脫掉毛衣、衛生衣、褲子、襪子以及衛生褲，把頭髮盤成大人模樣，莊嚴地換上真絲小睡裙，慵懶而性感地踏上全羊毛雪白地毯並端起骨瓷的歐式茶杯……你可能先會被自己氣哭。

嗯，此時此刻，娃的作業懸在頭頂，比什麼鬼優雅生活態度更要緊。說不定晚上你還要在全棉睡衣套裝外面披上ＸＬ碼軍大衣去車上尋找娃失蹤了的作業本或卷子，更倒楣的老母還有可能披頭散髮地衝進超市，去買明天必須帶的諸如「藍色」自來水筆、手工剪刀、瓶瓶罐罐之類的……

作業是我在成為一名優雅的中年名媛道路上的絆腳石、攔路虎、荊棘叢。

曾幾何時，我也是一個大方明豔的、塗著當季流行色口紅的、穿著手工縫製高跟鞋的、連髮絲都飄著奶酪香的優雅熟女，人家連在菜市場買蔥都要翹蘭花指的。

是什麼讓我整齊的髮型散亂？是什麼讓我的聲音提高八度？是什麼讓我收起了胸，挺起了肚子，顧不得淑女儀態，雙手扠腰，慷慨激昂？

能讓一個精緻優雅的中年美少女瞬間崩壞成噴火霸王花，這究竟是人性的扭曲，還是道德的淪喪？有不可告人的隱情，或是令人唏噓的苦衷？

優雅的時候我還不是婦女，那時候天很藍，水很清，喝可樂不用躲著娃。

如今，只有出差才是我好意思裝優雅的唯一機會。如果說還有什麼地方必須保持優雅，就是開家長會的時候。

「優雅」二字從娃出生後就與中年老母漸行漸遠了。

試想老母親穿著一身精緻不失格調的優雅短裙套裝和高跟鞋遛小孩，一不小心孩子跌坐進花壇中，老母親用早已練就的一身百米衝刺神功和奧運舉重奪冠臂力第一時間將娃撈起，把娃放在腿上開始擦灰抹泥的那一刻就知道了，「優雅」都是用來騙自己的……

以前那些個如雅典娜般精緻的少女少婦，自從背上了媽咪包，抱起了孩子，隨時準備換尿布，就不再講究穿搭技巧，舒服耐磨就好。好不容易穿上新衣服做個新髮型，只要是帶娃出門，往往一秒被抓亂，衣服上全是褶子，更別說做粗活累活，修下水管道和拆抽油煙機，還指望什麼優雅啊……

有娃前，我可以長髮飄飄，時不時吹個大波浪，穿著鑲金邊的小香風短裙套裝，有五十多雙不同種類的高跟鞋，分休閒的、正裝的、夏天的、冬天的、清新的、濃豔的、見客戶穿的和約會專用的……

如今，禿了一半的我準備買點長髮飄飄或大波浪的假髮套，體重飆升到嘆為觀止的我褲子只買寬褲管的，但衛生褲一定要高彈力的，鞋子只有兩種：球鞋和拖鞋。

有娃前，夫妻倆早上還能優雅地烤麵包片塗奶油；有娃後，只忙著給娃準備豐盛大餐，餵完娃還得餵貓。至於我，能有時間把娃吃剩下的吐司拿起來亂嚼已經算好的。

現在開車送娃上學路上就盼著遇上紅燈，好讓我把還沒涼透的大餅優雅地啃完。

以前逛大賣場都是很優雅地挑挑揀揀，貨比三家，買個牛奶還看脫脂不脫脂，買點零食還看卡路里。

現在和一群老阿姨擠在商品櫃前聽她們分析CP值，然後直接扔進購物車推著就走，以防止娃在超市逗留時間過長鬧情緒。

以前還優雅地服侍過許多花花草草，家裡很多文竹吊蘭，沒事還剪剪枝條，動不動搞束玫瑰百合插進花瓶。

現在只有仙人掌還活著，以防娃突然說「植物角要帶一盆植物」的時候措手不及。

以前總是精緻細膩，鉑金的小手鍊，水晶的小掛墜，處處閃耀著女性的光芒。

現在，全身就一根紅繩掛手腕上，這是辟邪用的，要是碰上父母生病、孩子考試、老公出差、公司裁員什麼的，紅繩上再掛個金墜子……一副鄉村名媛心誠則靈既視感，優雅什麼的不存在的。

在家裡，別說優雅了，能保持情緒穩定就不錯了。

保持情緒穩定也不是很難，只要做到別給我提娃的作業、地板上的灰、廁所裡的水、廚房裡沒洗的碗、陽台上沒晾的衣服、體重秤上的數字、體檢報告上的建議，以及水電瓦斯帳單和補習班應付帳款……

我們現在最多的優雅，可能只是關起門來的隱性優雅：靜下心來看看過去沒時間看的書，嘗試學做幾個好吃的菜，重拾過去的一些愛好，或是等娃睡著後給自己敷個面膜，對著鏡子裡那張鬼一樣的臉，優雅地給自己打個響指——

加油，你是最胖的！

阻礙中年老母優雅的還有「想得太多」。

幾乎每個夜裡都容易輾轉反側，想的不是明天吃什麼，買什麼新衣服、哪種化妝品，而是**為什麼?!為什麼?!**別人家的娃文武雙全通曉古今，我娃連留什麼作業都記不全？別人家的老公主動買炸雞、奶茶、垃圾食品給老婆吃，而我老公頓頓嫌我吃得多？

無數個失眠的夜裡，我深深地思考這個問題，想到頭髮又掉了好幾根都無法想得通。推一推身邊鼾聲如雷的好兄弟，想和他一起探究這個深奧的課題，他只是翻了個身，對我嘟囔一句：「早點睡，小心猝死……」

我恍然大悟：在生死大命題之下，有什麼優雅是不能先放一放的呢？

十三說

優雅，第一次認真思考這個詞，是在到幼兒園參加兒子的第一次家長會之後。當時發現大多數媽媽都精心打扮過，估計是拿出了幾年來最隆重的姿態來和孩子同學的媽媽們爭奇鬥豔，那感覺簡直和當年上學時和校花比美一樣，而且更不能輸！

我發現，優雅的媽媽們，總是讓自己怎麼不舒服怎麼來，高跟鞋，小皮包，燙過吹過的髮型，緞面的裙子，真絲的上衣……對我來說，平底鞋方便追著娃跑，大帆布袋子放得下兒子要用的所有東西，純棉大T恤和牛仔褲最有利於我隨時隨地扛起孩子狂奔的節奏。

然而，我真的開始意識到：對一個媽媽來說，優雅到底是什麼？

從外表上的精心調配，到內心的love & peace，或許就是中年婦女優雅的轉折方式。現在對我來說，面對孩子滿是大叉的作業本、凌亂的考試分數、臨睡前想起來的忘了做的作業、孩子偷偷拿起iPad自己下載的遊戲……同時孩子他爸還在一旁幫倒忙並扯後腿的時候，我還能瞬間深呼吸，保持不爆炸，讓自己如同一個沒有感情的冷血殺手一般不問人間事……那才叫真的優雅。

—3—

你們是我帶過的最差的一屆家長

當了家長後會發現：怎麼好像我又得重新來一遍九年義務教育？重新考一次大學？

常常看到有一些媽媽表現出消極情緒，怨這怨那，「你看看這變態題目是小學生該做的嗎」、「學這麼難的東西連我都不會做」、「跟孩子一比，我都快成文盲了」……

我勸這些媽媽不要自暴自棄，你才三十出頭，怎麼就認為自己進入人生低谷了呢？**其實你還有很大的下降空間。**

很多人以為自己知識儲備的最高峰停留在了高三，從那之後就開始走下坡路，本以為能這樣瀟灑地混到終老，誰知世事難預料，大部分人當了家長之後就會發現，這和我想像的不大一樣，怎麼好像我又得重新來一遍九年義務教育，還要再為考大學衝刺一回？

最神奇的是，大部分人嘴上咒罵著，心裡卻笑嘻嘻，樂此不疲地送孩子到各種補習班陪學陪練，還心甘情願地陪挨罵。

嗯，這屆媽媽都是神經病，都不要面子的。

眾所周知，我家孩子爸是個愛做算術題的理工男，他痴迷到什麼程度呢？我喊他拖地板他無動於衷，叫他洗洗碗他充耳不聞，我只要低聲嘀咕一句「這道題怎麼做啊」，他幻影移動大法般地用〇・〇一秒就出現在了我身邊。

你說這樣一個愛學習的中年人，是不是很令人感動呢？

然而，就是這麼熱衷於做題的一位家長，每個週末帶兒子去上數學課的時候，都緊張到不能自理，怕自己發揮不好，丟了兒子的臉。

這個課在一個大階梯教室，老師說有興趣的家長也可以旁聽，但老師萬萬沒想到，到目前為止，聽課的家長數量比孩子還多。有的先是媽媽來陪，過了兩節課，把爸爸也拖來了。不行，一個人聽不懂，兩人都來學，回去好商量。

這老師講課如同開機關槍，劈里啪啦一套解題公式講完，出一道例題，讓大家試著做做。有的家長基礎差，從小沒贏在起跑線上的弊病全暴露出來了，一個勁兒地問老師，「老師老師，不好意思，你剛才講的我沒聽明白，你看是這麼做嗎？」

第二次又是，「老師老師，你再給我說說吧，這是什麼意思？」

第三次家長還沒開口，老師先開口了，「你下次上課前可以先預習一下，如果還有聽不懂的，回去問問你家孩子吧，你家孩子應該都聽懂了。」

在座的各位集團大老、上市公司董祕、各行業菁英以及自主創業的社會棟梁boss們，出奇一致地點頭哈腰，抱著老師大腿俯首稱臣，痛並快樂著……

等老師講解完，就是我家爸爸這類理工男出場自鳴得意的時間了，「老師老師，我用這種方法好像更簡單欸……」

老師心想：「神經病啊，我不知道還有另一種方法啊！」

機智的老師話鋒一轉馬上補充，「當然，還有一種方法。」劈里啪啦……

由於每次總是出現這麼幾位低ＥＱ的爸爸，老師現在已經被逼上梁山，他改變了策略，「同學們，這道題目很難，你們不用在這裡做了，帶回家去好好思考。下課！」

逃避雖不是好辦法，但卻是無聲的痛訴：

你們這屆家長不行啊，要麼是傻不拉嘰的一題都不會做，要麼就是太喜歡逞能，你們真是我帶過的最差的一屆家長了。

家長有什麼辦法，家長也很無奈啊，還不是被自己給逼的，為了發揮餘熱，做一名合格的家長，不給老師添麻煩，不跟著娃一同被訓，我們也是拚了這條老命的啊。

我表哥，我們村數一數二的大才子，從小到大的數學天才，靠理科就能紅塵作伴瀟瀟灑灑，現在奔四了，卻開始沉迷於小學語文。

晚上十一點多他給我發來一篇閱讀理解，讓我幫著看看。

我突然明白了，到底是什麼從根源上徹底斷絕了中年人生二寶的念頭。大家晚上沒空造人，還不都是為了做小學生閱讀理解？

我跟他說：「閱讀理解這東西，哪有什麼標準答案，差不多就行了啊。」

他不服氣地發來左方這訊息。

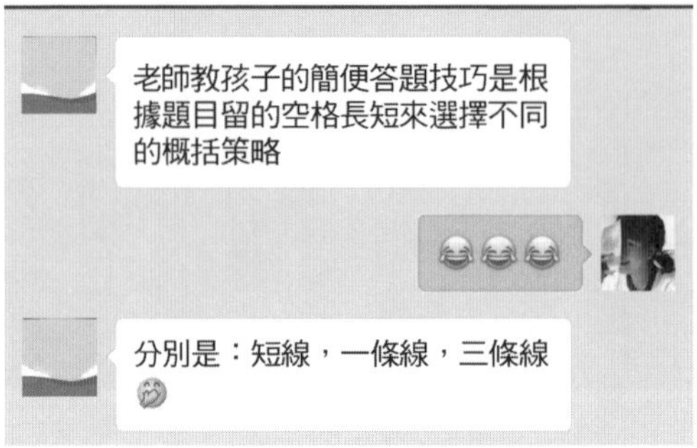

老師教孩子的簡便答題技巧是根據題目留的空格長短來選擇不同的概括策略

😂😂😂

分別是：短線，一條線，三條線🤔

「表哥，你確定這是老師跟你說的？」

「當然啊，老師跟我說的時候內心充斥著不滿，因為她最後補充了一句：我都說了很多次了，問你兒子吧，他知道的。」

哦？現在連語文也有解題公式？嚇得我趕緊爬起來翻了翻兒子的練習冊，驚奇地發現還真是這麼回事。

前所未有的緊迫感湧上心頭。媽呀，我還以為自己語文有多強呢，現在連個小學閱讀理解的基本公式都沒掌握，我得起來學習。

大家都老大不小了，半夜三更再不惡補一下小學語文知識，以後還不知道要丟孩子多少臉呢。

現在，在表哥和我的帶動下，整個家族都掀起了一股做閱讀理解的熱浪，一家子大文豪敗給了小學語文。

現在孩子學點東西，家長勞「命」傷財的不說，精神高度緊張＋亢奮＋狂躁，反覆無常，再加上周圍眾多積極正向爸媽的刺激，以及老師們的各種「提醒」……

如果一個家長還能時時處處保持像個正常人一樣，那就是不正常了。

我一朋友，小孩本月剛入學，作為一名一年級新生的家長，她表現出了該有的理性，那天發了左方這則貼文。

取消　發佈

架裡翻出之前囤了很久一直沒看的書《平穩度過一年級》，需要「平穩度過一年級」的哪裡是孩子，分明是每天都要經歷一輪情緒崩潰的老母親啊

現在平穩度過一年級已經成為一套理論並且著書了？

我想起了我的一年級，好像我媽把我往學校一扔，就跟著公司去爬泰山了。過了三、四天才回來，回來後就問了一句：「你們班導姓什麼？」

我悲慘的童年啊，現在想想有點太吃虧了，從來都沒讓爸媽半夜惡補過國文數學英文，我小小年紀彷彿就用自己單薄的肩膀扛起了整個宇宙啊……而我們的父母呢，一點都不著急，也不緊張，更不分擔，自己該幹麼幹麼，內心強大到爆表。

現在一年級家長就脆弱得不行，還沒上學就開始焦慮。

我朋友說她上個月連續請了好幾個「過來人」喝咖啡，

目的就一個：「老師來家訪時應該聊些什麼啊？」

我說同學，你想得太多了，老師可能根本不想跟你聊，人家還得趕到下一家呢。

她不同意我的觀點，她說：「我認為，愈是簡短的溝通，愈能展現一個人的素養啊，我應該說什麼，怎麼說，才能表現我是有內涵、有素質、有文化、有格局，同時還注重孩子全方位培養，並希望老師多挖掘孩子亮點的這麼一個老母呢？」

同學，你又想多了，就算你是個大傻子，你家孩子也已經被錄取了。

可想而知，一逮著機會就想在老師面前「炫自己」的家長不計其數啊，秀學歷的，秀權勢的，炫富的，炫關係的……老師臉上笑嘻嘻，**「呵呵呵，好好好，但是只要你娃不行，在我眼裡你們一律都是搬磚的。」**

俗話說，沒吃過豬肉還沒見過豬跑嗎？那麼多小孩和家長都安全度過一年級了，最多就是精神失常更嚴重了點，但絕不危及生命啊。就你們這樣的心理素質，在閱人無數的老師面前簡直是丟人現眼了。

這屆家長，基本是逃不過三大戰役：

一、剛上學的「情感保衛戰」。

二、學習中的「學術對抗戰」。

三、畢業前的「催命伏擊戰」。

一年級的家長基本都是「情感保衛」，特別感性，想要老師「對娃好」，不管在家長群組還是私下裡都恨不得把老師捧上天，以換取老師的情感付出，總覺得自己的孩子還是個孩子，需要照顧。

這種時候老師肯定會說「**家長是孩子最好的老師**」**（你家兔崽子這麼差的學習習慣到底是誰給慣出來的？）**以及「**大家要把孩子當作大人來平等對待**」**（都這麼大的孩子了，還要我天天哄著逗樂？）**

你看，這不就是扯了這屆家長的後腿嗎？老師認為你們這屆家長最差也是沒錯的。

上學一段時間，就開始變成「學術對抗」了。

前不久還一口一個「還是孩子」，等到盯孩子做功課的時候馬上變成「你都多大了還要人盯」。

孩子做不出題目的時候就「你怎麼連這麼簡單的都不會」，碰到自己都不會做的題時「這都是什麼變態題目啊」……

雙重標準的父母啊，也是人格分裂的基本表象。

這種時候老師會說「**請家長督促孩子完成**」**（你家孩子不自覺，你自己心裡沒數嗎？）**以及「**請明天有空來一次學校**」**（你家兔崽子整天惹事你都不知道主動來一次嗎？還要我喊？）**

所以，老師又覺得這屆家長都把精力用在了沒用的事情上，該自覺的時候一點都不自覺。

等娃到了高年級，迎接畢業的家長達到了人生分裂的高峰，其他事已經做不了了，只能開始「催命＋伏擊」。

這種時候老師會說「**給孩子營造輕鬆一點的環境**」（**你把孩子逼傻了，我還怎麼教？**）以及「**放手去搏**」（**你不放手，孩子怎麼搏？**）

老師到此時才發現，這屆家長和上屆家長最大的差別區分出來了。

上屆家長沒文化有沒文化的好，低調自覺懂退讓。

這屆家長有文化也不是什麼好事，又想管其實又管不了，最後還幫了倒忙，關鍵是心理素質差，一談到孩子學習啊、擇校啊、考試啊就慌亂得不行。

不過這屆家長也是有自知之明的，差就差吧，反正也沒別的辦法。誰不想像老一輩那樣每天枯藤老樹昏鴉，一壺清茶一把蒲扇過一晚上啊，現在是每天一部手機一套作業，除了肺活量見長，其他都衰退了。

不過大家也不用太過悲觀，做家長這件事是個技術活，既然我們還有很大的下降空間，那下一屆估計也好不到哪兒去，**只有更差，沒有最差。**

十三說

這屆家長其實挺早熟的，一般情況下，他們會透過各種管道（網路、朋友、專家講座等）先把自己嚇唬一遍，做好心理準備——比如每年我都能發現身邊有孩子即將進入小學的媽媽們開始提前做功課。

她們先是查「一年級要學什麼」，好提前安排學起來；然後學習「如何與小學生相處」以便調整自己的情緒，避免狂躁；接著她們還要聽前輩們的諄諄教誨，吸取經驗教訓，獲取捷徑。

通常這樣的媽媽，會比那些沒有提前做準備的、稀裡糊塗的家長更焦慮，更抓狂，更無所適從。她們往往會在孩子開學後，原本胸有成竹的內心突然掀起巨浪：這和他們說的怎麼不一樣啊！

哈哈，這屆家長不好帶，不是他們笨、他們懶、他們沒方法，而是恰恰相反——他們太勤快、太早熟、方法太多了！

4

寒暑假，為娘的秀場

我們都明白，寒暑假絕不是字面意思。

當媽之後，每年總有那麼幾個月是非正常情緒時間，寒假和暑假。

尤其是每年漫長的暑假，是考驗女人心理健康狀況的重要時期。能正常而健康地撐到開學前的媽媽，都不是凡人。開學前，總有一些媽媽，正處在人生低谷——此刻正適合放空自己，叼一根Sobranie，來一杯威士忌，遙望燈火闌珊，思考人生的意義，想想**作業做完了嗎？**

真是一場肉與靈的較量啊。

最近每天一睜開眼，尚在迷離狀態的我就想三件事：

我是誰？我在哪兒？開學了嗎？

一想到還沒開學，心亂如麻。

每次娃放暑假，都是對為娘的考驗，長達兩個月、六十天、一千四百四十個小時、八萬六千四百分鐘的人生片段，大概是我一年中承受最多靈魂拷問的階段。每個暑假，我總是過得恍恍惚惚恍恍惚惚恍恍惚惚。

因為我們這些老母，思維發達，心思縝密，和爸爸是很不一樣的。我們都明白，暑假絕不是字面意思。

對爸爸來說：暑假＝暑假。

對為娘來說：暑假＝報暑假班＋報夏令營＋安排旅行＋必須安排人照看娃＋盯著暑假作業＋盯著玩手機和iPad的時間＋盯著看電視的內容＋冥思苦想一日三餐＋扮演陪讀人員＋扮演運動教練＋扮演救生員＋扮演勤奮好學的家長給娃做表率＋陪吃喝玩樂促進感情＋保持適當距離防互相厭倦……

首先，由於長期帶娃四處遊蕩吃喝玩樂，我已經胖了三公斤，接下來還要經歷我們倆雙重「收心」階段。想想減肥與等開學並駕齊驅，真是毫無懸念地磨人。

最重要的是，各種歡樂無比的事情，可能都會因為「作業」這把懸在頭上的刀，而不能獲得真正的歡樂。

作業就真那麼重要嗎？

被（你們關注的）十三姊夫講起來，「作業有什麼啦，不做就不做了，放假就是玩，開學再開始用功啊。」

說笑啊，大兄弟，要不你開學後跟老師講這些道理去吧，老師不但不批評你，還上奏校長，「我們這有一位特立獨行、思想意識前衛、忠於自我、不隨波逐流，快樂成長的好學生家長，要不要表揚他？」

你以為你是《延禧攻略》的魏瓔珞啊，主角光環這麼重。

作業還是要做的，我來給你講這個道理。

對我們老母親來說，「作業」絕不只是字面意思。作業這件事代表著一個分水嶺，是家庭教育的直觀展現：

不做作業＝缺乏自律＋不識大局＋態度不端＋爸爸不負責任。

作業按時完成＝為娘教育得好。

有什麼辦法？我也很無奈啊。母親的偉大正是在於能理解字面意思背後的人生哲理。

對爸爸來說：開學＝開學。

對為娘來說：開學＝檢查作業＋聯絡老師＋家長溝通＋打聽行情＋反覆給娃洗腦＋不斷提醒自己離升學擇校又近了一步＋躊躇過往展望未來感嘆歲月蹉跎……

如果說一年中有一個月是老母親們的焦慮敏感集中爆發期，那一定就是八月。

對爸爸來說：八月＝八月。

對為娘來說：八月＝反思荒淫無度的七月＋手忙腳亂地迎接九月＋著急補作業＋推掉無數約會＋天天掰著手指頭算日子＋嘮嘮叨叨……

一部分人，八月的朋友圈裡依然揮霍著夏末的餘溫，打扮自己，吃冰淇淋，遊山玩水，無憂無慮。而老母親們的朋友圈將逐漸彌漫一些陰鬱的氣息。

預計在接下來的一段日子，將出現趕作業大潮，一大批小學生或將作業本落在了飛機上，不料空姐給寄了回來……

時間啊，對母親來說是不夠用的。

對爸爸來說：半個月＝半個月。

對為娘來說：半個月＝去掉雙休日只剩十天＋再懈怠兩三天就剩一週了＋原本兩個月的暑假現在濃縮到一週來亡羊補牢＋刺激不刺激？

放暑假前，我做了一百多種精密的構思。

有句話說得好，神童不可怕，就怕神童放暑假。人家神童暑假都做了什麼？我做了一系列調查，發現他們都出去旅遊了。這可把我樂壞了。神童們都不拚了，我們也不用那麼緊張兮兮的，等等再說吧。

對爸爸來說：等等再說＝等等再說。

對為娘來說：等等再說＝

七月第一週——才剛放假，先放鬆放鬆再想想要不要報個什麼班。

七月第二週——大熱的天，就在家歇歇再想想要不要報個什麼班。

七月第三週——想想要不要報個什麼班。

七月第四週——想想要不要報個什麼班。

八月第一週——玩了這麼久是時候報個班了。

八月第二週——現在真的是時候報個班了。

八月第三週——都快開學了也別報什麼班了。

八月第四週——還報什麼班啊，浪費錢。

然而可氣的是，一開學，你會發現那些你以為出去旅行了兩個月的神童們，其實已經上了四十多天的能力提升班……

原來，別人媽口中的「旅行」也不都是字面意思啊。

對爸爸來說：旅行＝旅行。

對我來說：旅行＝準備新衣服＋準備新口紅＋做攻略＋找飯店＋收拾哆啦Ａ夢的口袋……

對別的媽來說：旅行＝出去玩了四五天＋回來猛學一個半月……

而我最初的理想，是娃在暑假裡不分晝夜地學習，馬不停蹄，突飛猛進，一飛沖天，一下子把所有人甩開七條馬路，突然變成無法超越的超級學霸啊！

現實真的太骨感了。

這不能怪我，暑假真不是一個教育孩子的好時機。尤其是碰上我這種集感性、理性、分裂性於一體的媽。

因為暑假裡太容易思考人生，這一思考可就壞了大事，沒了原則。

某天吼完娃：你怎麼就這麼沒自覺，就知道玩遊戲看閒書，blah blah blah……他一聲不吭地坐下，開始做作業。樓下小朋友不識時務地鶯歌燕舞，捉知了，撈蝌蚪。我當時看著這位埋頭苦學的少年，桌上鋪得滿滿的算術題、作文本、字帖、英語書……我就開始思考了。

對別人來說：野玩＝野玩。

對為娘來說：野玩＝衝破牢籠＋放飛自我＋享受童年＋真正體會生活＋身心健康＋不會成

為書呆子＋省錢。

老母的情感世界是玻璃的。人生啊，童年啊，是多麼短暫啊。在他小時候，我對他的願望是無憂無慮，快樂健康，以他自己喜歡的方式長大，當時以為這是多麼簡單的訴求，現在才懂原來那是最難實現的願望。如今這大好光陰，別人的孩子都在玩耍，自己的娃卻伏在書桌上，綁於案頭！算了！等會兒再做，還是去玩玩吧。

就因為這樣一次又一次不倫不類的冥想，學習的暑假變成了野玩的暑假＋混日子的暑假＋也不知道到底做了啥事的暑假。

我回顧了一下暑假的荒廢史，總結出一個定律：婦女懶，則娃懶。

懶是一個特殊的存在，是老母親世界裡唯一的希望之光。

對爸爸來說：懶＝不勞動＋不出門＋不運動＋不帶娃＋懈怠於妝容＋縱容於形態＋不理正事＋得過且過。

對為娘來說：懶＝懶。

十三說

我們小時候，每年最喜歡的時間就是暑假，當時我們小，不懂事，現在才終於體會到當年我們的爸媽是咬牙切齒了多少年啊！

現在自己當媽了，終於覺得暑假這件事太折磨家長了。尤其是當孩子的暑假安排全都落在媽媽身上時，總是希望國家能取消寒暑假，還父母一片自由的天空。

然而，**現實是改變不了的，能改變的只有我們自己。**後來我又想了想，暑假固然漫長難熬，卻也給了我們一個調整狀態和放鬆休息的機會。可惜很多媽媽沒抓住這個機會，暑假裡仍然給孩子安排了密密麻麻的學習任務，自己也是神經緊繃，沒有放鬆的時刻。而我，每年暑假都安排旅行和吃喝玩樂。要知道，跟孩子出去晒黑、野遊、吃垃圾食品的過程中，孩子會放鬆警惕，跟我們聊很多在上學期間不會說的心事，這是一個很好的瞭解他們內心的過程，能發現在孩子成長過程裡你很難主動發現的小祕密。

所以，我一直主張暑假還是應該把緊繃的弦鬆一下，這是一個調節親子關係、促進和諧的大好機會，好好培養一下感情，畢竟一開學，親子關係又會緊張起來。

— 5 —

職場媽媽是育兒界的一股泥石流

怎麼就從來沒有「職場爸爸」這個詞呢？

有一次，我去廣州出差，和一個當地的朋友吃飯，她高興地告訴我：「我終於給我兒子在幼兒園報上名了。」

我說：「幼兒園報名有什麼難的？」

她說：「當然難了，去年就該報了，我忘了。今年差點又忘了，好險啊！」

聽得我也捏了把汗。孩子報名這麼大的事，你能忘得乾乾淨淨？

不過其實也可以理解，職場媽媽，每天千頭萬緒，無數個迫在眉睫壓在頭頂，給孩子報名上幼兒園這種沒什麼生命危險的事，確實有可能忘。

於是一個幼兒園適齡兒童只好繼續在幼幼班賴著不走，不免令人唏噓，幼幼班老師每天徒增擔憂，「你媽今天不會忘了接你吧？」

你會想：「這麼大條沒腦子的媽，連給孩子報名這點小事都做不好，就算在職場上也不會有什麼大出息吧？」

唉，那你可猜錯了，她在一家公司當副總裁……

這件事驗證了一個道理：

所有媽媽都有可能成為優秀的職場女性，但職場女性中有一半能成為什麼事都顧到的優秀媽媽已經很不容易了！

我當時就說：「我要為你寫詩，標題都想好了，就叫〈不要對職場女性帶娃期望太高，她們還記得自己有個娃已經很好了〉。」

這話說了沒幾天，她又告訴我，「被老師點名了好幾天，依然忘了繳學費。總算在截止日前的最後一天，被N個人提醒，辦完了這件大事。」

唉，弄娃那點事，真的比搞個估值幾億的企業難太多了！

這個我也有過體會，尤其是當我面臨十幾個四十呎高櫃在目的港被查出問題，要我立刻補交資料否則面臨幾千萬元罰款的時刻，老師突然通知「**請每位家長準備一盆小型植物，明天讓孩子帶來**」……

我第一反應就是：去你的小植物吧，勞資這邊眼看就快把貿易逆差弄成順差了，眼看就要破壞兩國友好關係了，眼看就快面臨幾百人被裁員失業的風險了，你這個節骨眼跟我提什麼小植物！

於是接下來披荊斬棘乘風破浪逐一攻破，最後總算力挽狂瀾保住一條小命順利解決了問題，半夜十一點回到家癱倒在床上，第二天一睜眼繼續擔憂今天會不會又出什麼岔子……

非常順理成章地，其他小朋友第二天都帶了一盆仙人掌去，只有我兒子，拉著一張仙人掌一樣的臭臉，成了班裡扯後腿的人。

我總不能跟老師解釋：「對不起老師，為了國際局勢人類和平物價穩定和誠信友善，我們的小植物不帶也沒什麼大不了的吧？」

但對兒子來說：「你不給我準備小植物，啊啊啊啊啊，神經病啊，我不要面子的啊！」

這種時候我確實有點小失落，和兒子一樣。

我怎麼竟然把帶小植物這麼大的事給忘了？就像那位忘了報名和繳費的媽一樣，小失落總是難免的。不過這次忘了沒關係，反正我們下次還會忘的……

我只好勸那位朋友：「不能對職場女性要求太高，我們每天都間歇性失憶。」

如果一定要選擇忘記一件事的話，我們一定是忘了給孩子繳學費，而不會忘了幾點開會。

中年老母是職場裡的一股清流，而職場婦女則是育兒界的一股泥石流。

為了工作，前一秒鐘剛下定決心一定要全身心地陪伴孩子點點滴滴成長，絕不能錯過他的任何一點變化；後一秒可能只是因為老闆一通電話，人生便發生了轉折——小孩嘛，就應該讓他自己摸爬滾打長大，爸媽反正早晚要放手的……

有什麼辦法，老闆五分鐘內就要看到的報告，明天一大早就要上傳的ＰＰＴ，新來的實習生出包需要擦屁股，不靠譜甲方找的麻煩得立刻擺平……

為了把職場女性的存在感刷得漂漂亮亮，少給娃讀一本繪本怎麼了？沒空盯著娃刷牙怎麼了？給娃買錯了衣服的尺碼怎麼了？忘了娃的教室在哪兒怎麼了？填表的時候想不起娃的大名怎麼了？……

這不都是好多爸爸經常做的事兒嘛。區別只是在於：

爸爸們忘了都很正常——男人忙事業嘛。

媽媽們忘了就不太正常了——你怎麼當媽的？？

當你明白了這一點，就可以理解為什麼好多男人在有了孩子之後事業突飛猛進，努力拚搏，更有鬥志，因為他們要努力賺錢養家，多待在公司才有理由不用帶娃。

就這個話題我還特意找了個中年老父代言人聊了一下。

你看，爸爸認同帶孩子比工作更累，但我們女人就可以囂張地說：「我帶孩子和工作能兩手抓！」（儘管有時抓得粉碎……）

所以**當有些男人說著「我們工作養家太不容易」的時候，在女人看來就好像是在說「我還要努力用肺呼吸，真的太難了」一樣。**

職場媽媽誰不是用肺呼吸的？哪個用腮？

然而作為育兒界的泥石流，職場媽媽在「工作和帶娃不能兩全」這件事上確實做出了表率。

娃喊她吃飯，她無動於衷；娃叫她喝水，她充耳不聞；娃叫她出去玩，她百般推辭……

她愛工作，也愛加班，更愛出差，因為那樣就可以名正言順不帶孩子，實現價值成就理想。

娃作業不會做，「問你爸去」；娃說肚子疼，「找你爸去」；娃想買本書，「讓你爸買」……

當你發現某個媽媽出現這樣心不在焉的症狀，不要以為她憂鬱了，她可能只是心裡在盤算

「完了完了，今天的企劃書少了一段華麗收尾，主管肯定不滿意……」

為了工作，很多職場媽媽時不時當個「後媽」，還覺得自己挺偉大。

有一次我問兒子：「你最喜歡什麼類型的玩具？」

兒子說：「樂高。」

「喜歡什麼樣的樂高？」

「帶齒輪的，帶電的，會發光的……」

我詳細地問了十分鐘，抱著兒子的腦袋親了一下，「好！知道啦！」然後，第二天我就直接衝到店裡，按照兒子說的，買了一套那個系列最貴的樂高！

送給了客戶家的娃。

是的，一個職場媽媽要放你鴿子的時候，從來不會跟你提前打招呼……

有一次，我表妹的小孩跟人打架，表妹氣呼呼地問：「誰欺負你了？看我不弄死那個小兔崽子！」

「軒軒。」

「誰？你說誰？就是他爸爸是汽車公司總監的那個？」

一轉身給軒軒爸爸發了個訊息，「王總，我家小兔崽子我已經揍過了，請您見諒……順便聊一下上次我提過的……我們公司的配件……要不我給您發點資料？」

「職場媽媽」這個詞像個笑話。本來倒是沒什麼可笑的，問題就出在從來沒有「職場爸爸」這個詞，於是就顯得職場媽媽們特別滑稽，兩頭顧，兩頭顧不過來。

儘管如此，大多數職場媽媽還是力所能及地、親力親為地包攬了大部分養育孩子的職責，畢竟這是母性天性所致吧。當愈來愈多的獨立女性在職場上乘風破浪，在職場和家庭之間，在清流與泥石流之間無縫銜接、切換自如的時候，選擇職場還是選擇全職帶娃——這根本不存在直接矛盾。

泥石流歸根到底，也比雲好。

昨天又有個讀者跟我說：「我老公讓我辭職，他說，如果不辭職，就再生一個（逼我辭職）。」她問我怎麼看。

我告訴她：「法律規定了『誰主張，誰舉證』。所以你就跟你老公說：『如果生孩子必須放棄職場，那麼——誰要生，誰辭職。』」

十三說

職場媽媽是一個超現實主義的存在。雖然這個群體人數很多，多到令人無法不關注，但如果仔細想一想，深入分析之後，就會由衷地對她們發出感慨：哇！厲害！

她們所做的事情，只比男人多，不比男人少，即使這樣，依然充滿韌性與彈力，可張可弛，能進能退，看起來輕鬆，骨子裡卻都經歷過陣痛和磨合。

有人說：「全職媽媽很辛苦，那是因為她們全身心撲在孩子和家庭上，事情又多又碎，確實辛苦。」而職場媽媽呢？要做職場的工作，也要做全職媽媽們需要做的大部分工作，可能唯一令她們感到充實和快樂的是發薪水的時候，看著薪水單上的數字，一想到「娃的補習班是我贊助的」就開心多了。

—6—

養娃治癒了我全部人格缺陷

小孩帶給一個女人的改變，比一百多個渣男加起來的功力還深厚。

週末和表妹吃飯時，她問我上海浦東區哪個學校好。

不錯不錯，妹妹成熟了，記得不久前她見我時還在不停地向我推坑些有的沒的，什麼韓國的歐巴、鑲鑽的髮夾。

現在難得吃頓飯，聊的全是教育！整個人的氣質都不一樣了……

她女兒出生於二〇一八年十二月，現在還不會爬。但我這小外甥女非常幸運，人生才過了五個月，她媽就已經把宏偉藍圖給她制訂到十六歲了。

九年制義務教育厲害，厲害不過這屆家長的勤勞和智慧。

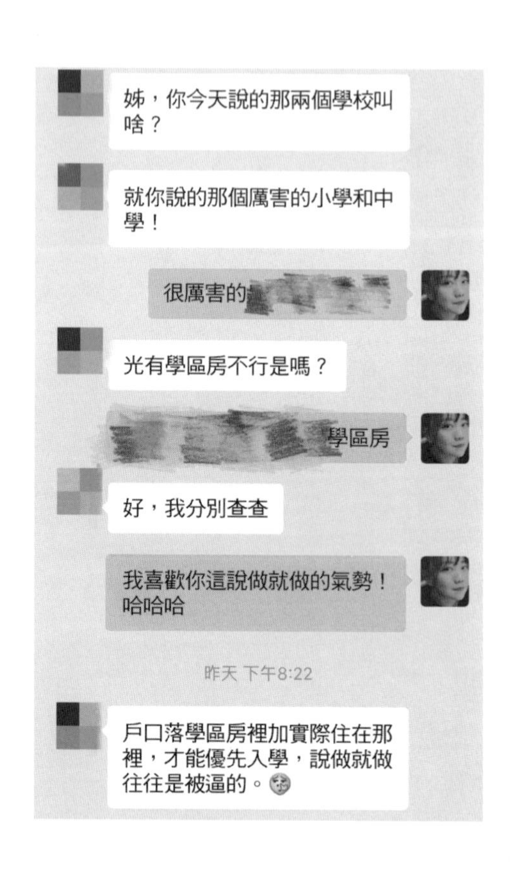

吃完飯後回到家沒多久，她給我發了右方這訊息。

拖延症一下子就治好了！

以前這傢伙找工作遞簡歷都能拖到人家招聘結束，還渾然不覺。

當了媽之後這才幾個月工夫，整個人都成了運動型，活躍得根本停不下來。

養娃可以治療拖延症，這是真的。要不然你去統計一下就知道了，買《小升中輔導大全》的，全是三年級家長。啥事都不拖延，還總快人一步。

我當年剛有娃的時候，也有不少人誇我變了——過去我吃東西挑三揀四，很不好伺候；現在呢，只要是能吃的東西，都毫不猶豫就直接往嘴裡塞。

他們說我變豁達了。

呵呵，豁達，你們要是當了媽，每天都把孩子舔了半口又吐出來的米粉往自己嘴裡塞，還經常一手托著孩子沉甸甸的尿布一手捏著涼透了的包子，你們也會對所有食物都變豁達的。

當選擇餐廳時，我們只有一種判斷標準——這個東西我娃能吃不？

他能吃——他先吃。他不能吃——我也不吃了。

哦，對了，如果這個餐廳有兒童樂園，那麼不管多難吃，我都吃。

感謝我娃，徹底改掉了我的公主病，挑食的毛病再也沒有了，什麼都吃。

從前我還健忘。具體有多健忘呢？我不記得了。

有孩子之後，我是世界超級電腦CPU。

幾號打預防針？打哪種預防針？今天塗了幾次濕疹藥膏了？還差幾次？上一次大便是幾點幾分？離下一次副食品還有多久？從零歲到六歲每個月的標準身高體重表，深深印在腦海裡，怎麼忘也忘不了……

娃再大點，每個才藝班的時間地點，強者媽媽每週八～十次不同的才藝班輔導班，地點遍布五大區，從學前教育機構到一對一輔導，路程時間安排得錯落有致又井井有條。

如果你問她：「你這禮拜忙不忙？」

她會脫口而出：「有點忙，今天下午四點半帶娃去學拼音；明天娃有自然拼讀課；後天下午先是戲劇班然後還要去鋼琴老師家；大後天倒是只有一節五點的課，不過路程遠；週末上午程式設計下午舞蹈，哦，對了！中間有一個半小時空閒，約嗎？」……

如果你問她：「你口紅放哪了？」

「哎呀，我口紅呢？在哪呢？讓我想想……我有口紅？……」

沒有娃的話，一個中年婦女隨時隨地都是阿茲海默症潛伏；有娃，一切毛病都被治癒了，記性好到離譜！

我怕蟑螂，不能忍受髒亂差，害怕冒險，不敢做任何極限挑戰。

那是生娃前。

現在我帶娃潛入叢林踏進沼澤，徒手撫摸癩蛤蟆還能給知了療傷，至於殺蟑螂捕老鼠這種小兒科，都不好意思跟人提。

與此同時，我還能在從地毯底下摸出餅乾碎屑的時候保持淡定，微微一笑很傾城呢。

以前連坐摩天輪轉得快一點都要心跳加速的我，現在膽子不屬於我了。

大怒神，娃要上，我帶他上！激流勇進，娃要玩，我帶他玩！雲霄飛車，娃要體驗，我帶他體驗！

養娃還治好了我的精神潔癖。

以前我看到別的小孩嗷嗷亂叫，唯一的想法就是找個封箱膠帶把他的嘴堵上。遠離小孩，小孩太可怕了，我絕不生小孩。

有娃之後，我和小孩一起嗷嗷亂叫。

所以小孩帶給一個女人的改變，比一百多個渣男加起來的功力還深厚，眨眼間就把凶狠惡毒殘忍變態的女魔頭改造成溫柔體貼寬容仁慈的小天使，不留活口。

至於面子什麼的，對了，**養娃還能治療「死要面子」這種不治之症。**

只有在一種情況下我才膽小，確切地說是姿態壓低。正所謂「英雄有娃也氣短，女人當媽就服軟」啊！

心靈雞湯天天在教育我們：

「你是什麼樣，你的孩子就是什麼樣。」

「媽媽愛發脾氣，孩子一生都有陰影。」

「如何做一個會控制情緒的母親。」

……

真是嚇死我了。

當媽的都這樣，為了娃，我們能膽大地毫不猶豫上刀山下火海翻雲覆雨指點江山。為了娃，我們更能膽小怕事縮頭烏龜沒脾氣也沒骨氣，不得不收斂鋒芒，卑躬屈膝，跪地抱大腿的事時有發生，任勞任怨啥都能做。

沒小孩時，我們夫妻倆交流都是用「黑話」——我一個瞪眼皺眉，老公就基本知道情況不妙了；他一個板臉沉思，我就明白有大事了。

有了娃之後，只要發現我準備發怒，他乾脆先下手為強：

「注意你的語氣語調，注意你的態度情緒，能不能有點當媽的樣子，你給孩子樹立的是什麼榜樣！」

強壓怒火也是一種人生磨礪，更是一種修行，我改掉了任性矯情偏執火爆等一系列婦女常見人格缺陷。

時間一長，我竟然懂得自己教育自己，突然變得溫順了。

每次當我想拆散這個家的時候，一轉頭瞄到呆若木雞的兒子，透露著憂鬱的小眼神毫不知情地吧唧吧唧還吃得挺歡，看著那傻乎乎的小臉蛋，腦子裡翻滾起單親家庭小朋友可憐兮兮的童年陰影，想到我家兒子將成為一個沒有爸的可憐小孩，不禁內心一陣寒意……

算了算了，在心裡默念一百遍「**忍一時風平浪靜，好脾氣一生平安**」……

養一個孩子可以把一個矯情暴躁的女人變成不以物喜不以己悲的女仙人。

養娃後，我們的人格得到了全面昇華，懶惰改了，粗心改了，連路怒症都好多了，別怪馬路上女司機多，多半是後排有個娃。

更多時候，不是我們教育孩子長大，反而是孩子把我們先給改造了。

囂張任性也沒了，自覺收斂鋒芒，克制脾氣，吞下委屈，昇華肚量……

年輕時覺得自己心高氣傲，有仇必報，眼裡容不得沙子，不能受半點委屈，但自從有了娃之後，**為了孩子，什麼原則不原則的，都縮水了，什麼委屈不委屈的，都不算什麼。**

不知不覺，成了一個更好的人。

尤其是跟娃一同成長的時候，必須戒驕戒躁，情懷提升，變得性情豁達，笑對人生，精神上卯足了勁，面對一切肉體的凋零都不當回事。

——你頭髮又掉了。

——哈哈哈哈哈。

——你血壓又高了。

——哈哈哈哈哈。

——你又胖了。

——哈哈哈哈哈。

——**你可以再生一個呀！**

——滾。

十三說

以前我有個朋友，東北人，在上海開公司，財大氣粗，人格鮮明，就是傲氣，看誰都不給面子，我行我素，天下無敵的樣子。後來，從他兒子上了小學開始，他就變了。有一次我竟然看到他當著我的面在電話裡說：「不好意思，不好意思，我這人比較粗，以後向您學習，向您學習！」

這簡直不是他。一問才知道，是兒子跟班上同學打架，老師叫了雙方家長去調解，調解過程中他不服氣又嗆人了，這是在跟老師道歉呢。

你看，一個人的性格是天生的，難改的，但是有了孩子就不一樣了，該折腰就得折腰。我覺得每個人都應該早點生個孩子，為了變成「更好的自己」。

—7—

中年老母的唯一天敵是爸爸

媽媽做的事成了順理成章的、習以為常的、令人厭煩的，爸爸才是快樂童年的守護者。

老師出了一篇作文〈______真辛苦〉，是個半開放式作文題，讓小朋友自己填主詞。我喜不自禁地暗自琢磨起來，兒子肯定要寫「媽媽真辛苦」了。

此時我腦海裡已經自動播放起背景音樂，一定是二胡版的，帶點哀怨又不失溫馨感，北風刺骨，天地瀟瀟，一個偉大的老母親形象拔地而起。

這位偉大的老母親，辛辛苦苦生下這個娃，一把屎一把尿把他拉拔大。他吃紅燒肉我啃大饅頭，沒日沒夜操心，生病了跑前跑後，節假日到處陪玩，還要叮囑他學習，負責讓他贏在各種起跑線上，含辛茹苦地活活把自己累胖了十幾公斤……

這篇文章寫出來，要是經我稍加潤色，一不小心能上電視。

過了一會兒，看看兒子的作文本，標題赫然寫著：「**爸爸真辛苦**」。

我強忍住滿腔怒火，笑著問兒子：「爸爸怎麼辛苦了？」

Excuse me？爸爸真辛苦？

他支支吾吾了半天，憋出了一句：「他出差回來，剛一下飛機，就趕到學校來接我……」

背景音樂又來了，這回是嗩吶版的。一個慈祥的老父親，風塵僕僕帶著邊疆的頹廢氣息和羊駝呼嘯而過的滄桑，一路歷盡磨難降妖除魔，踏平坎坷鬥罷艱險，急行三天三夜只為了能在第一時間接兒子放學？這麼感人？

此刻的我如同一個被拋棄在烏干達密林裡的頹廢中年婦女，披頭散髮，孤立無援，內心咒罵著，臉上笑嘻嘻，罵也不行，鬧也不合適，只能裝大度。

「乖兒子啊，父愛如山（**母愛才是最偉大的**），你爸爸確實也挺辛苦的（**辛苦程度是我的十分之一**），他每天工作很忙碌（**你娘我工作也一點不輕鬆**），他回家後還要照顧你（**除了陪你玩，其他事都是我做**），你將來要孝順他（**只要孝順我就可以了**），對不對？」

這孩子一句都沒聽懂，如同一個ＥＱ為負數的傻子般，已經開始寫了起來。

我能怎麼辦？我也很絕望呀，只能為自己加油打氣：這傻子是我親生的，我親生的，親生的……

以沉默結束了這一段刻骨銘心的母子冷聊，心力交瘁的我以一個失敗老母親的形象躲進了廚房，本以為可以毫不在意，但最終還是難以忍住內心的悲痛，又吃了一包薯片自我療傷。

細思極恐，仔細回憶了一下，兒子竟對我日常為人民服務習以為常，對他爸爸偶爾的一次捨生取義念念不忘。這年頭，做得多的不領情，做得恰到好處的才會被感恩。

看來，無所不能無堅不摧的媽媽們，戰勝了一切妖魔鬼怪，扛過了所有的艱難困苦，孰料卻在陰溝裡翻船。在這世上，媽媽的唯一天敵可能就是爸爸了。

記得上一次發生類似的事，還是在幼兒園小班的時候。

老師在課堂上讓小朋友們演講「我最喜歡的人」，全班三十個小孩，只有五個講「我最喜歡的人是媽媽」，其他的不是爸爸就是外公、爺爺……

雄性家長成了最大贏家。

想一想原因，各位老母親心裡沒有一點數嗎？我反思了一下，確實是我自己造的孽。

那時候每天早上我就像打仗一樣催著孩子：你怎麼穿衣服這麼慢，你怎麼刷個牙用這麼長時間，你怎麼吃個飯像打太極拳，你今天要帶的東西怎麼還沒整理好，跟你說了多少次了早上時間寶貴不要磨蹭，blah blah blah……

我覺得每天早上我能說完一整年的話，有時候我喝個咖啡能對著馬路發半小時呆，別人問我怎麼不說話，我總是告訴他們，**我下半輩子的話已經在每一個陽光明媚的早上吆喝完了，連**

我都嫌自己太吵，快讓世界清靜清靜吧。

而他爸爸呢？早上起來毫無緊迫感，從來不催兒子抓緊時間，甚至還在吃早飯的時候和他聊什麼小土星環、人工智能、轉基因……

凶悍的老母親只會大吼大叫，「再給你一分鐘！馬上結束！不然就遲到了！」

而溫柔的老父親只會輕聲細語，「偶爾遲到一次又不要緊的。」

友誼的天平已經傾斜！

這還不算，每次出去吃飯，凶悍的老母親總是嘮叨個不停：這個是垃圾食品小孩不能吃，那個是大人吃的小孩不能吃，還要追著趕著多塞幾口飯進他的嘴。

而慈祥的老父親呢，「這個很辣很刺激哦，要不要來一口？啤酒很好喝哦，要不要來一口？不想吃就別吃了吧，又不會餓死。」

面對男人兄弟情，在下又輸一輪！

更可氣的是出去玩，凶悍的老母親只會說：「別亂爬，別亂摸，不能去，太危險，小孩不能玩這個。」

而慈祥的老父親呢，「那裡有條奇怪的小路，要不要去探險？這個池塘裡有可愛的癩蛤蟆，要不要一起抓？那邊的山頭好像很難爬，要不要去試試？」

是在下徹底輸了！

最後把膝蓋摔出兩個大血印，去醫院上藥換藥包紮這種善後工作又是我的事。每回換藥，疼一次兒子就怨我一回，但他還是很感激老父親帶他探險呢……蒼天啊！

背黑鍋我來，討好娃你去！

所以童言無忌，幼兒園的小朋友能脫口而出「我最喜歡的人是爸爸」，簡直是發自肺腑，誰會喜歡一個愛催命又愛嚇唬人又條條框框那麼多的囉嗦八婆啊！

如果說幼兒園的小屁孩還不開竅，那麼作為一個小學生難道還還不分青紅皂白？事實是，確實不分。

這屆**老母親普遍都喜歡犯賤，明明知道那些是吃力不討好的事，還總是奮不顧身入坑。黑臉我來當，白臉你去唱。所以很多時候，媽媽做的事都成了順理成章的、習以為常的、令人厭煩的，而爸爸們才是人家快樂童年的守護者。**

我就隨便舉幾個小例子，你體會一下。

兒子放學一回家，我會說：「作業多不多？抓緊時間趕緊做。」

慈父說：「走，天氣這麼好，先出去兜一圈，做作業又不著急。」

晚上父子倆連線打遊戲，我會說：「看看都幾點了還玩啊，有時間玩這沒營養的東西還不如多練練琴啊，快洗洗睡吧。」

慈父說：「練琴早一天晚一天的不礙事，這一局快完了快完了，打完就睡。」

說到練琴，趕鴨子上架這種事也都是我的，練不好翻臉臭罵拍桌子的也是我。

慈父說：「急什麼啊，慢慢會練好的，你看你看人都練傻了，快歇歇。」

假期旅行，我會說：「帶上你的暑假作業，抽空得快點做完。」

慈父說：「做什麼做啊，玩就是玩，作業不用做了。」

快升學了，我天天愁眉不展，研究這個學校那個學校，對著兒子灌輸考好學校有多麼多麼難，需要怎樣努力才能進去。

慈父說：「這有什麼好發愁的，是金子到哪都發光，別叨叨這些了，走，出去打球去！」

好人是你會做，在下的整個人生輸給你了。

如此看來，**辛苦的人確實是爸爸。我每天只不過是做了一些又囉嗦又奪命又不切實際的小事，而爸爸做的都是樹立信念安撫人心保護青少年的大事，能不辛苦嗎？**

每到這時，我都希望如果我是爸爸該多好啊。一邊被傳唱讚美著父愛如山，一邊可以肆無忌憚地吐槽著生活的艱辛和壓力，一邊還能在孩子那邊做好人，至少能被寫進作文。

而我們這些煩人的中年婦女，壓力是應該的，吐槽是矯情的，被孩子寫進作文是撿了大便宜，被作為反面教材發到網路上倒是常有的事。

十三說

大逆轉：後來發現兒子又把標題改成〈**媽媽真辛苦**〉重新寫了一篇，真不愧是我兒子，為了公平公正公開，什麼事都做得出來。

其實我們有時候為孩子的作文這種小事影響心情真沒必要，事後想想也很幼稚，但每個人都是感情動物、情緒動物，在家人面前更是不加掩飾，於是才會經常為了這種小事而給自己加戲。

證明爸爸和媽媽誰更辛苦是很難的，其實家庭永遠是需要分工合作的，沒有一個人是不辛苦的，包括孩子。還希望各位認清大局形勢，當你的孩子沒有把你寫進作文的時候，只能說明你的付出已經具象到奈米級，沒辦法提煉成素材，那應該才是最光榮的。

—8—

沒娃的地方，才叫遠方

也許「遠方」最理想的狀態，是忽遠又忽近，在自己所能及的範圍內，遠到最大值……

前不久有些朋友問我：「過年出去旅行嗎？」

我笑而不語。

他們又說：「忙了一年了，可以出去放鬆放鬆，找一找詩和遠方。」

同學，你忘了嗎？對一個中年老母來說——只有娃上學＋隊友上班＋我出差，才能被叫做真正的旅行。**一切帶上隊友和娃的「旅行」，都叫「長途跋涉的加班」。**

關於中年婦女的詩和遠方，基本原則如下：

隊友不在的時候，我有詩；
娃不在的時候，我有遠方；
在隊友和娃同時沒有的地方，我有了詩和遠方……

你可能見過凌晨四點的街道，但你應該沒見過親媽為了甩掉娃尋找真正的遠方所付出的努力……

前幾天帶孩子去我爸媽家，兒子和外公下象棋下得上了癮，不肯走。我說：「你就住這兒吧，別走了。」

本是隨口一說，沒想到兒子爽快地說：「好！」

外公說：「反正放寒假了，你就別回去了，在這兒多住幾天！」

我內心一陣竊喜！幸福來得如此突然？

但我在心裡反覆告誡自己：淡定，冷靜，不要表現出欣喜若狂的樣子，要像個中年婦女一樣，喜怒不形於色。

我心裡想：「**太好了，你最好在這兒多住幾天**。」

我嘴上說：「那怎麼行，回家還有好多作業要做呢。」

外公再一次挽留，「做什麼作業啊，放假就讓孩子玩幾天，你們走吧！」（果然天下的爸爸都有不分年齡段的「作業無用論」傾向啊！）

我心裡想：「**那太好了，你最好在這裡住二十年，等你高中狀元那一天我再來接你回去……**」

我嘴上說：「那怎麼行，外公外婆帶不動你，太累了。」

眼看就快大功告成，這時孩子他爸突然說：「你這孩子別不聽話，快點跟我們回去！」

所謂「豬隊友」恐怕就是這樣了，該說話的時候不說，不該說話的時候話特別多。

我暗暗地又惡狠狠地踩了他一腳。他閉嘴了。

最後我和豬隊友依依不捨地撇下兒子回家了。那一剎那，有一種小公主和白馬王子終於得到了默認可以私奔的感覺……

這一個沒有娃拖著的夜晚，做點什麼好呢？拉上大兄弟，一起看個電影，吃個消夜？或是在沒有娃的二人世界，暢所欲言，胡作非為？

憧憬了一萬多種可能性。

那天晚上，我和大兄弟兩人，一個在臥室玩手機，一個在書房玩電烙鐵，捨不得在這個沒有娃干擾的夜晚早睡，最後，抱著手機的我在十二點鐘聲敲響的時候脫下水晶鞋幻化人形關燈入睡，而大兄弟還在孜孜不倦地焊著他的自製「夜間太陽能發電裝置」……

一個充實而又平靜的二人世界就這樣畫上了句號。同時也證明了一個道理——

我和大兄弟之間的鋼鐵戰友情確實和「娃在不在家」沒多大關係。

儘管如此，偶爾沒有娃的夜晚，還是感覺非常夢幻，感覺我是自由女神。

娃在與不在時的用戶體驗到底有哪些細微的差別呢？

當娃在家的時候——上廁所的我＝一個需要在時間前面搶跑的人……抓緊時間解決三急並在第一時間衝出去抱起聲聲呼喚我的娃，以免他覺得媽媽不愛他了……以最快速度離開廁所以便及時規避風險，確定娃沒有趁我離開的這一小段時間做危險的動作或偷偷做了壞事……

當娃不在家的時候——上廁所的我＝一個進入了桃花源的仙女。

當娃在家的時候——躺在沙發上的我＝一個假裝無所事事的人，忽略不計身邊正有一個隨時可能玩火玩電玩煤氣玩剪刀玩電烙鐵的娃；視若無睹那個放著一大堆作業不做、琴不練，卻鬧著要我陪他去捉癩蛤蟆的娃；假裝沒有一個隨時可能喊餓並要求我一分鐘就能端著食物上桌的娃。

當娃不在家的時候——躺在沙發上的我＝一個靈魂在起舞的仙女。

當娃在家的時候——吃飯的我＝催著娃別磨蹭＋追著他跑＋想盡辦法逼他吃他不愛吃的東西＋吃他剩下的飯＋還沒吃就氣飽了。

當娃不在家的時候——吃飯的我＝仙女。

所以說，我們中年老母的「遠方」就在那些「美好的沒娃的地方」。

於是我們最喜歡的好夥伴，逐漸被篩選出來了，就是那種有意願、有能力、有機會幫我們帶娃的人。每次看到這種人，都感覺生命被點亮。

我有一個小外甥叫王大勝。我也不知道年紀輕輕的為何叫這名字，可能是家庭的愛好，他爸爸叫王大強。他們一家人非常熱情。

有一次過年時聚會，王大勝當時才五歲，我兒子四歲，他拉著我兒子的手說：「去我家玩吧，我家有一百多個機器人、三百多頭恐龍，還有一櫥的坦克。」

王大強補充說：「對，一會兒讓你爸爸媽媽先回家，你到我們家去玩。」

我心裡想：「**好啊好啊，快把我兒子帶去你們家吧。**」

我嘴上說：「哎呀，會不會太麻煩你們啦？」

王大強又說：「麻煩什麼啊，小孩子一起玩嘛，晚上乾脆在我們家吃飯，別急著回去。」

我心裡想：「**太好了，住在你們家才好呢！**」

我嘴上說：「吃飯就算了吧，我早點來接他。」

王大強接著說：「難得一起玩呀，急什麼，要不乾脆在我家住一天，明天再來接他好了。」

我心裡想：「**真是太貼心了！就這麼定了吧！**」

我嘴上說：「這……看情況吧！」

經過了一番客套，兒子跟著大勝一家開開心心走了，撇下了我獨自一人風中凌亂心花怒放喜上眉梢。

剛開心了兩小時，王大強打電話來說我兒子哭得像個孤兒，讓我立刻去接他。

短暫的兩小時……我剛洗了個頭打扮了一番準備去逛街喝茶shopping，接到這通電話我只能美美地跑去接兒子。

一進王大勝家門，他用兩百分貝的聲音誇我，「哇，小姨，你怎麼突然變得這麼好看啦！」是啊是啊，來你家接娃而已，確實沒必要打扮得這麼隆重（但你個小屁孩又能懂得我多少心酸啊）……

驚喜還在後面呢！

王大勝抱著我兒子說：「弟弟，我還沒和你玩夠呢，要不我去你家玩吧。」

傻兒子抱著哥哥說：「好，哥哥去我家！」

我期待著王大勝的爸爸王大強能像個真男人一樣！站出來！阻止這一切！可是萬萬沒想到啊，天下父母一般黑，王大強攜夫人一起迫不及待地冒了出來。

「你要去就去吧，你乾脆在小姨家住一天！」

……

送神沒送走，還接了個神回來。

最後我伺候了兩位小主在我家玩了一天一夜。從那以後，我對於任何想把我兒子接回家去玩的人都抱有一種莫名的警惕心……

現在婦女們思想都開通了。

過去幾個世紀，媽媽一直高舉偉大的母愛旗幟，如今這屆老母，終於開始了自我放逐之路，毫不掩飾自己渴望「拋夫棄子」之情。

幾年前，一位媽媽跟我說，她有了寶寶後第一次帶娃回老家時，本來憧憬著回娘家重溫一下當小公主的時光，沒想到爸媽天天圍著外孫打轉，還一個勁地教訓她帶娃的方式方法不對，說得最多的是：「你都當媽的人了，怎麼還稀裡糊塗的，有你這麼帶孩子的嗎……」

只有不帶娃的「回娘家」，才能肆無忌憚地睡個懶覺，張狂地吃頓飯，任性地好吃懶做一番，重溫一下小公主的美夢……但當娃在的時候，什麼童年的回味和受寵的待遇，只能自己偷偷想想。

有娃的地方叫做家，沒娃的地方才是故鄉……

這種明目張膽的喜悅，究竟是人性的扭曲，還是道德的淪喪？直到發現朋友圈裡愈來愈多的媽媽們開始追逐「遠方」時，才發現，這原來是母愛的另一種釋放啊……

長期被娃「捆綁」慣了的媽媽們，偶爾突然被「放風」，心情是十分複雜的，興奮激動中隱藏著些許的失落＋擔心。如果被「放風」的次數多了，甚至還會覺得自己被忽視＋拋棄。其實「當媽」這件事是有癮的，娃不在身邊的時候，會出現各種說不清道不明的不適感。

這大概就叫做「賤兮兮的母愛」吧，**總是巴不得獲得「沒娃」的間隙喘喘氣，但這個間隙一長，又渾身難受。每個媽媽都需要自己的空間，但這個空間又想要自己把控。**

也許這個「遠方」最理想的狀態，就是忽遠又忽近，在自己所能觸及的範圍內，遠到最大值……

孤獨是一種何其奢華的享受。

十三說

我發現最近幾年我最喜歡的事有三件：出差，出差，出差。

出差是這居媽媽最名正言順富麗堂皇的藉口，能夠享受順理成章不用帶娃的福利，順便享受一小段的自由。

可是呢，媽媽們最致命的一大弱點就是：明明有時候可以給你自由，你卻偏偏選擇不放過自己，比如放心不下隊友帶娃，非要在家裡管東管西；怕長期不在家一團亂，草草結束工作急著趕回家……重點是，才分開一兩天，就開始了對孩子的無盡思念。想要逃離，卻又捨不得；想要自由，卻又掛念；想要去遠方，卻邁不開腳。

這可能就是為人母之後，永遠的一種矛盾了吧，這也是一種幸福的矛盾。

第四章

別得罪中年婦女，她們狠起來什麼都學

—1—

用作業挽救婚姻的媽媽們

只要沉住氣，耐心等候，乾枯乏味的中年婚姻將迎來美好轉機，遇到共同敵人：作業。

我不知道你們啊，反正在我家，有些事是有路數的。很多時候，像個正常人一樣對話根本無濟於事，得用「魔咒」。

比如，「這道題怎麼做」就是一個魔咒。

只要我念出這個魔咒，孩子他爸就會以光速出現在我面前，並掏出隨身攜帶的紙和筆開始了解題之路。

人家都說「孩子是愛情的結晶，是婚姻的紐帶」。現在我終於明白，有了孩子，夫妻倆光為了給娃輔導功課就得重新回爐學習深造，哪有閒工夫做別的，自然也就少了摩擦，多了默契，婚姻在大家相互扶持學習解題中，呈現穩定的欣欣向榮狀態。

孩子的作業才是婚姻的紐帶。

我家孩子爸喜歡熬夜，經常半夜十二點還在擺弄他的電烙鐵。跟他講熬夜容易猝死，人家不怕；跟他說有事明天再做，人家不聽。沒辦法，只能使出絕招——

我焚香沐浴，換上漂亮睡衣，放一段浪漫小曲兒，點上一支香薰……然後，隨便找一道變態數學題，大呼一聲：

「這題怎麼做啊？」

話音剛落，一百公斤的巨嬰已經衝進來，安詳地伏在床頭，在幽幽昏黃燈光的籠罩下，呈現出那個熟悉的優美弧度，「一起動腦筋」的數學題被他捧在手心，如同抱著新婚的小媳婦，柔情似水，寸步難移。

別看已經人到中年，還常熬夜，半夜碰到數學題的時候從不會體力不支，大晚上做起數學題來，要多專注有多專注，要多持久有多持久。

有時候我們還會討論，在激烈的分歧中產生靈魂碰撞的火花，就如同初見時小鹿亂撞的悸動。尤其是翻閱資料到半夜一點多攻克難關後的喜悅，豬隊友成了好戰友，兄弟情更深了！

每次做完題，戰友都會由於消耗了大量的腦細胞感到渾身乏力，基本馬上就能酣甜入夢。

這樣一來，就大大減少了我們因為「熬夜不睡覺」而產生的爭吵，非常有利於家庭安定團結，還能增進彼此的同窗之情。

以前有人說，如果想留住一個男人就要留住他的胃。可是，這樣只會養出一個豬隊友。現在我發現，要留住一個男人就要善於給他找難題，養出一個百科題庫，大家共同進步。

要想致富，少生孩子，多做數學。

辦公室的大姊說，她家娃小時候，夫妻倆因為「誰管娃學習」這件事沒少吵架，那時候的「管娃學習」就是檢查作業做完沒有，字有沒有寫歪，把慘不忍睹的考試卷訂正到面目全非，然後簽字。

這一攤子爛事兒，最終落在了大姊身上。每次輔導完功課，她就恨得牙癢癢，想拿老公出氣。

眼看夫妻感情出現大裂縫的時候，兒子上中學了，事情出現了轉折。

國文數學英文歸媽媽，物理化學生物歸爸爸。慢慢地，連數學也輔導不了的媽媽，成功軟硬兼施地把所有理科都踢給了爸爸。這樣一來，家裡經常出現一家三口憋在房間裡啃難題的場面，時不時地夫妻倆要把兒子教育一通，要吼一起吼，要罵一起罵，榮辱與共，風雨同舟。

更大的轉折出現在兒子讀高中後，夫妻倆開始相互取暖，一致對外了。

經常遭到兒子嘲笑的中年夫妻開始有了同病相憐之情。有天晚上，夫妻二人秉燭夜讀，在兒子睡覺後，他倆躲進臥室努力研究物理課本，圍繞著用左手定則還是右手定則發生分歧，不料產生了激烈的爭辯，竟把兒子吵醒了。兒子跑過來，不費吹灰之力，輕描淡寫幾個字就把他倆教會了，繼續回去睡覺。

留下中年老夫妻二人風中凌亂，顧影自憐，心中感慨萬千：兒大不中留，到頭來還是我們老倆口惺惺相惜啊！

兩個文盲相互依偎，陷入沉思，鋼鐵情在這一刻融化沸騰，彷彿找回了初戀的感覺……

只要沉得住氣，耐心等候，每段乾枯乏味的中年婚姻都或將迎來美好的轉機——遇到共同的敵人——作業。

有一次我兒子接到一項作業：要求全家一起做一份時事新聞壁報＋一份自然學科海報和心智圖。在這聽起來無比繁重的作業壓力下，我和他爸義不容辭地分別擔起擔子。

只見書房裡兩個蓬頭垢面的中年人，在兒子的指導以及不斷否定和反覆提意見的情況下伏案工作，一部桌上型電腦，一台筆電，時不時還商量一下，做完初稿後彼此檢閱、吹捧、適當提點建議，才敢交給兒子拍板，結果依然遭到了鄙視……

然後兩個中年人彼此安慰，鼓勵，繼續戰鬥……

前陣子兒子參加學校科技節，要設計一項小發明，碰巧他爸爸出差，而我對這事無感，想讓他放棄。晚上加班到很晚才回來的豬隊友，一進門就被兒子拉進房間，研究「小發明」去參賽。

要說理工男的腦子就是跟我們不一樣，三兩下便想出一個主意，設計好方案，開始動手做，不到一小時，「自動氣球充氣機」就做好了……兒子第二天順利「交作業」，後來還得了獎。

每到這種時刻我就忘記了豬隊友曾經又懶又笨幫不上忙的毛病，開始覺得他聰明機智有責任心。

瀕臨滅絕的崇拜又開始冒芽，挽回我那顆想離家出走的心。

當然，在我輔導下，兒子的作文和閱讀理解以及英語聽力水準飆升，也一定讓豬隊友重新以仰視女神的視角仰視了我。我說什麼了嗎？我驕傲了嗎？

我一個朋友說，週日的下午，一家三口在公園裡撿了一下午樹葉，還拍了很多美照，一家人很久沒這麼其樂融融了，平時帶娃總是要麼爸爸帶，要麼媽媽帶，三人一起玩的機會愈來愈少。

這一切都託了「作業」的福。

週末語文作業是——「秋天的樹葉」綜合實踐活動，觀察、記錄並寫作文。要是沒這作業，他們週末下午唯一的活動一定是娃在寫作業，而她在補覺。

現在我發現，作業挽救婚姻的趨勢已經愈來愈低齡化了。

幼兒園的手工作業，什麼樹葉畫、南瓜燈、小兔子燈，都可以拉近距離，挽救愛情。

說白了，現在的小孩不像過去，只要承歡膝下，發嗲賣萌，討父母喜愛就能加深家庭感情。現在的孩子都忙，哪有空管你們大人恩愛不恩愛。乾脆丟一份作業給你們，也算舉手之勞，是對你們的夫妻感情盡綿薄之力，再不行丟兩本卷子，仁至義盡了。

夫妻這麼多年了，談花前月下，矯情；談家長裡短，俗氣；談國際時事，瞎操心；談詩詞

歌賦，易冷場……什麼都比不上共同探討孩子的作業。

作業，既能增進夫妻感情，創造良好的家庭氛圍，還能有效避孕，快速入眠，連夢話都有格調起來，絕對不會出現什麼青霞、彥祖、四筒、八萬、小金庫密碼……這類影響家庭和諧的聲音。夫妻倆夢裡都一心沉迷學習不能自拔，你一句畢氏定理，我一個三角函數，連眼屎都閃耀著智慧的小渣渣。

每當解決了一道難題，夫妻倆彷彿找到初戀般的快感，平日裡油膩的中年眼鏡男竟也清新了幾分，原本開始褪色的黃臉婆竟也曼妙了幾許，情比鈦合金還堅了幾分，一直到下一道難題出現才能打破這加了粉紅色濾鏡的塑料夫妻情……

十三說

當婚姻中集滿各種混亂的時候，女人情緒暴躁，心情低沉，容易朝家人發火。特別是在遇到孩子學習問題的時候，一股無名怒火從天而降。有時候真希望孩子的作業再也不要讓我管。但回頭一想，如果連孩子的作業都不管了，可能只會讓夫妻倆之間僅存的一點互相崇拜消失殆盡吧。

說真的，有時候看到孩子爸爸沉下心來給孩子研究一道難題的解題思路，想辦法用最好理解的方式教會他，我會由衷地欣賞他的耐心，從而對他的敬仰之情也跟著昇華一點兒。

孩子的作業有時候或許會是夫妻爭執的導火線，但更多時候一定會是聯繫夫妻情感的鐵索橋，牢固而可靠。

—2—

自從不要面子之後，朋友都多了

女人的友誼是塑料的，不要面子則可以在這塑膠之上，加上一層最閃耀的鈦合金。

當你和中年婦女在一起來往久了，就會發現合群的人為什麼合群，其根本原因是，中年婦女社交的愉悅感與不要面子的尺度成正比。

活到一定歲數你就會發現，老公是用來鍛鍊你的「爺性」的；孩子是用來磨練你的意志的；而真正能讓一個中年婦女身心健康的，只有中年婦女。

她能依靠幾十年的生活經驗，從西醫專家到中醫聖手挨個跟你介紹一遍，急群眾之所急，幫你解決任何身體問題；她也能從科學原理到玄學推理挨個給你分析一圈，想群眾之所想，拯救你的精神困擾。

當然，這些都是基礎款社交方案。對於更多人來說，更重要的社交能力其實不在於你掌握了多少治療手段，而在於你自己放棄治療的程度。

女人最鬆弛的狀態，就是卸下盔甲，撕掉偽裝，別說面子了，裡子都可以不要。這個優點，令我們彼此間的相處和諧舒適，如沐春風。

要做到「不要面子」並不難，它是當今婦女交朋友的衡量標準。下面提供幾種不要面子的有效社交技能，僅供參考。

一、有啥倒楣事說出來，連自己都開心

社交這件事真的看道行。

道行淺的把自己的開心事說出來，氣一氣別人。

道行中等的把自己的倒楣事說出來，讓別人開心開心。

道行深的是倒楣事說出來，連自己都開心。儘管能讓兩個女人加速情感昇華的標準手段是「各自黑老公＋彼此誇孩子」，但在高階的社交中，「誇彼此的孩子」還是略顯做作和浮誇，效果仍不如「把自己的娃先黑一頓」來得痛快。

有一次大家在一塊兒聊娃，一個朋友說：「哈哈哈，我兒子，哈哈哈哈，每次我說他考得不好的時候，哈哈哈，他就說，哈哈哈哈哈，我怎麼不好了？哈哈哈，我考C，哈哈哈，你看

那個誰，還考D呢！哈哈哈……」

先不考慮內容，就看這一頓哈哈哈的描述方式、氣場、態度，就已經拉近了自己與世界的距離。

此時你就會像戴上了電影裡那種高科技眼鏡一樣，瞬間對眼前這位中年婦女做出了畫像分析——

性格開朗，加一分；

黑娃黑得到位，加一分；

愛笑的女人運氣不會太差，加一分；

孩子是個學渣，加九十七分。

一個滿分中年婦女誕生了，你一定會想要和她交朋友。

畢竟我說過：「敢於曝光自己孩子是學渣的媽媽都是人間天使，敢於把孩子是學渣這件事一笑而過的媽媽，更是與眾不同。」

她們用自己寬廣的胸懷和高尚的情操，撫慰著這個世界的焦慮。經常和她們聊天，有助於改善你的親子關係。

當然，善於把自己的老公黑著黑著也笑了起來的女人，也一定不是個正常人，不是一個庸俗的人，和她在一起，一定也能幫助緩和你的夫妻關係。

如果遇到這種說倒楣事的時候連自己都開心的中年婦女，一定要珍惜她。

二、誰Ｐ圖ＡＰＰ玩得順溜，誰就最美

中年女人保養主要看Ｐ圖ＡＰＰ。

以前同學聚會時我們常說，讀書時還能分出什麼班花校花，現在幾乎分不出了，因為現在只看「片花」，在照片裡，人人都能把自己變成一朵花。誰Ｐ圖Ｐ得好，誰就是真的美。

這個真不是玩虛的，人生是有限的，青春是短暫的，照片倒可以永流傳……

所以別老嘲笑中年婦女Ｐ圖，你們根本不懂女人格局大起來有多大。未來我曾曾孫子拿著我的照片說「你們看，我的曾曾曾祖母真美啊」的時候，你曾孫子拿著一張你的未Ｐ原圖，默默地低下了頭。你看，就是因為你死要面子，搞得你後代很沒面子。

中年婦女對Ｐ圖這件事直言不諱，看作正常。當那些扭扭捏捏的年輕女孩，在Ｐ了三小時後拿著一張痕跡明顯的照片過來說「我最近臉色不好」的時候，中年婦女笑而不語，掏出一張Ｐ了五分鐘的照片，「看，我Ｐ得多好，像不像王祖賢？」

女孩可能會目瞪口呆，這個姊姊真不要臉。不過沒關係，再過幾年她也會這樣的。

曾經有一個朋友，當我們一群女人合完影之後，她Ｐ完自己就發朋友圈了。然後她失去了我們。

前幾天我們在海邊散步，大家拿出了自拍棒說來拍照吧，我們互相看了一眼，都沒有化妝，然後就放心了。

一頓狂拍之後，我們非常理性地把照片以群組發給了每個人，強調了一下，「**大家只要P自己，別管別人。**」

P完之後，交流了一下技巧。中年婦女P圖歧視鏈誕生了：只會加個濾鏡的＜濾鏡＋磨皮＜濾鏡＋磨皮＋瘦臉瘦身＜濾鏡＋磨皮＋瘦臉瘦身＋美妝。

我們一群人站在原地，欣賞著自己P好的作品，每當一個孩子路過，我們就拉住他問：「小朋友，你覺得這些阿姨當中誰最美？」

孩子詫異地環視一圈看著我們。

「不不，不要看我們，看照片。」

三、有人性，沒異性

人間最凶猛的「嘴炮」可能就是中年婦女之間的了。我們可能會集體憧憬一下，「晚上穿得美美的，去海灘喝一杯，口紅塗一下吧，萬一偶遇帥哥呢？」

沒有萬一，一定會偶遇的。

每一個肩膀寬厚、肌肉緊實、八塊腹肌、陽光帥氣的帥哥從我們面前飄過的時候，總會有來自不同老母夾雜著口水下嚥的慨嘆：

「哇！看這小翹臀，和我兒子一模一樣！」

「天哪！我兒子再過五年應該就是這樣的了！」

「謔！你看他衝浪的姿勢多帥，和我兒子差不多！」

你會驚訝於大家每次的讚美都不重複。實在沒有什麼可說的，還可以說：「這個年輕人牙真白，但我兒子牙就不行，你們誰認識可靠的牙醫啊？」

然後就是育兒親子小講堂時間了。

當然，中年婦女也不缺更挑戰人性的豔遇。當一個長得很像木村拓哉的男人優雅地走過來坐在你旁邊時，如果你幻想著打開靈魂的大門，用優秀的人格魅力感染他，從而來一場心靈火花碰撞的時候，木村拓哉說：「大姊，有防晒霜嗎？」

「走開。」

事實證明，異性永遠不靠譜，能讓我們感受到人間真善美的，還是中年婦女之間的那點惺惺相惜。

在女人的社交圈裡，不擺架子是非常重要的一個技能。

不能否認有一些人追求所謂的「精緻優雅」的假象，比如在吃飯的時候滿嘴減肥瘦身，在老夫老妻面前表演恩愛如初，在焦慮老母面前秀孩子獎狀什麼的……

她們的特長是把自己的（也許非常空洞的）開心說出來，提醒別人意識到自己的倒楣……

但我們常說，人終究是社會動物，比起讓自己獨樂樂，讓大家都開心才是最終讓自己真正實現快樂的正確途徑。

畢竟女人的友誼是塑料的，不要面子則可以在這塑膠之上加上一層最閃耀的鈦合金。

十三說

隨著年齡的增長，會感覺能彼此交心、志同道合的真朋友愈來愈少，而最終能親密無間走到一起的，往往是放下了所有面具、把自己最粗獷的一面暴露在對方面前的那些朋友。當我們已經不是花季少女的時候，少了很多可以炫耀的資本、多了很多累贅之後，能讓我們真正開心起來的，也正是這些足夠理解我們的處境、能夠感同身受、不裝模作樣也不彼此嫌棄、不怕把最不堪的互相展示給對方看的朋友。

歲月除了讓我們的年齡增長，也在幫助我們成長，讓我們學會用更寬廣的視角去審視自己的內心，知道需要什麼，不需要什麼。我們學到的愈多，就愈喜歡做減法，只留下值得珍惜的人和事，這就是女人真正成熟之後才有的大智慧吧。

—3—

誰不是一邊情緒崩潰，一邊哈哈哈哈

每一天，這個地球上都有無數個老母，在不斷做著自我救贖。

一個朋友傳來一大段吐槽訊息：

今天從隧道出來右轉被交警攔住，說我右轉到一半才開始打方向燈，扣一分罰一百。後座上還坐著趕著去上輔導班的孩子，我也沒力氣爭辯。那一刻，我忽然想——如果我抱著方向盤嚎啕大哭，來個絕望主婦版的路面崩潰怎麼樣哪？

你知道又要工作又要帶娃，每天只能邊吃飯邊開電話會議有多抓狂嗎？

你知道一週七天要趕N個輔導班來回跑有多辛苦嗎？

你知道我雖然有個老公可他永遠週一出差週五回來幫不上任何忙嗎？
你知道我連開車都在教小孩子做算術題還要偽裝成遊戲嗎？
你知道我為了幼升小徹夜失眠經常睜著眼睛到天亮嗎？
你知道我輔導孩子作業撕了孩子最喜歡的玩具晚上孩子睡了我心疼得直哭嗎？
嗚嗚嗚嗚我都這麼慘了你還攔我說我沒打方向燈？打燈？我想打人好嗎？？
然而，老阿姨我連抬頭多看一眼帥警察的力氣都沒有，坐在車上默默等著罰單開下來，面無表情地開走了。
真的，但凡你還有力氣哭，你就是累得還不夠透。

收到這段內心獨白的時候我正在忙，沒及時搭理她。十分鐘後，我仔細看完這部短篇小說「一個戲精的遭遇」，然後回覆她：

「**你今天這麼慘啊，哈哈哈哈哈！**」

過了半分鐘，她回：

「**我女兒被老師稱讚啦，還上台領獎啦，哈哈哈哈哈！**」

嗯？絕望的主婦呢？倒楣女司機的吶喊呢？悲催老母的嘶吼呢？瀕臨崩潰的中年婦女呢？怎麼這麼快就忘了？

嗯，她確實已經忘了早上那段慘痛的人生，內心戲在一瞬間爆發宣洩之後，靈魂深處果然就只剩下了love & peace。然後只要碰上一點芝麻綠豆大的小驚喜，世界便太美好了。

女人嘛，就是這樣，**尤其是當媽的女人，有時候她們表現出的哀傷是演給自己看的，外人看來以為她似乎被觸碰到了心底的某個軟處，實際上人家的心依然堅硬得如同金剛鑽。但這金剛鑽又很沒骨氣，稍微哄一哄就輕飄飄了。**

中年老母每一次慘兮兮，凡是能說出來的，都是用來讓其他老母開心開心的。想讓她們真的崩潰，簡直太難了，因為她們的情緒起伏規律太野了。

誰不是一邊情緒崩潰，一邊哈哈哈哈。

大部分時候，碰上感到委屈的事，自說自話叨叨幾句也就過去了，也不會真的需要誰來安撫寬慰，前一秒「人生沒意思」，後一秒「再活五百年」，崩潰與重生之間，有時候只隔了一杯奶茶的距離。

做女人啊，最大的本領是在瞬間調整好自己的情緒，把自己拉到high位，以迎接下一個人生低谷。

每一天，這個地球上都有無數個老母，在不斷做著自我救贖。一秒鐘內能分裂出N個自我，在一輪又一輪的拉鋸中，雲淡風輕地抵達了分裂的終點。

在我們家，大家都心照不宣的一件事就是：

一個家庭，只有媽媽開心了，全家才會開心。

然而，即使我開心的時候，也不是完全安全的。比如：

「今天考了幾分？」

「一百分。」

老母眉開眼笑，湊上去又親又抱。

「幾個一百？」

「二十五個。」

這麼多一百的？這個世界真是殘酷啊，怎麼每個孩子都是神童。平時一個個都說不學習、不輔導，一到考試都一百分？唉，我們這樣老實的，真的不學習不輔導的，得個一百分也只不過是在被碾壓的邊緣掙扎。

不開心了。

情緒從巔峰摔到谷底，只用了十五秒。

這時候能拯救我的只有別的老母打來電話。

「氣死我了，我家兔崽子才考了九十分！」

「哎呀，九十分不錯啦，小孩子嘛，粗心總是難免的。下次仔細點就沒問題啦！沒事沒事！」

情緒從谷底飄回到聖母峰，只用了三秒。

掛掉電話，哈哈哈哈哈哈哈。

每一個老母都是自我調節情緒的高手。誰需要什麼心理醫生啊，誰要進行什麼心理與健康教育啊，我們自己就是心理健康主任。

娃小時候，有一次我跟我老公為了他亂丟襪子的事情吵架，扯到了壞習慣如何影響世界和平，談到了人生觀、價值觀和育兒觀的分歧，最後上升到了性格不合無法共同生活的高度，感覺到了需要離婚的階段，內心已經開始分割財產了。

這時寶寶從屋裡走了過來，我馬上像失智一樣衝過去親親抱抱舉高高，操著一口弱智口音跟娃說：「寶寶想爸爸媽媽啦，想和爸爸媽媽一起玩什麼呀？」

瀕臨離婚的兩口子突然又組建起了家庭。

晚上陪娃做作業陪到心室顫動，一出房間看到坐在沙發上那坨如山的父愛，心裡飄起了凜冽的北風。為什麼我要生孩子？為什麼我要有老公？

心一橫，抓起包奪門而出！

出門十秒後聽到對面人家老母正在訓娃，「你怎麼又給我闖禍！老師又來找我投訴了！」我想起了兒子乖巧天真不惹事，回憶起父子倆在一起不給我添亂時的美好時光……左轉一百公尺衝進便利店買了一堆娃喜歡吃的零食，回家了。

一邊讓兒子吃著剛買的薯片，一邊在心裡罵了自己一萬遍，「神經病啊，不要面子的啊！」

十三說

中年老母在崩潰和自救的邊緣反覆試探，研究出了很多妙招。

有一次一個朋友告訴我，「別管你有什麼不開心，去逛菜場，逛完就覺得什麼都買得起，生活品質真的挺高的，然後你就想開了。」

親測有效。

品味高些的也有——我的一個朋友，隨身攜帶《資治通鑑》，一不開心就掏出來讀一讀，讀完就好多了。她說：「每次讀都看不懂，看不懂還能活得這麼幸福，不得感恩嗎？」

這個方法也值得推薦。

如果以上方法都嫌太煩瑣，也有簡單的，比如我的一個二寶老母朋友，心情不好的時候就看手機，她手機的螢幕保護照片以前是李敏鎬，現在是彭于晏，逢考試前後換成各種符。

這種方法成本低，高效。

但最好的方法還是交朋友。這世間有一種天使，就是專門給人增加幸福感的，比如學渣的媽媽，又比如豬隊友的配偶。珍惜這些難能可貴的朋友吧，她們一定能讓你遠離情緒崩潰，永遠哈哈哈哈。

—4—

別得罪中年婦女，她們狠起來什麼都學

有娃後，學到的最重要人生技能是什麼？我想來想去，大概是娃教會了我深呼吸吧。

上週參加一個專案會議，接到個新任務，要求會使用繪圖板。之前我們這兒沒人玩過這東西，這是個新挑戰。

一個年輕小夥子目光掃蕩一圈，然後主動挑起重擔：要學繪圖板啊，那就我來吧。

本來這事到這裡應該挺圓滿的，可年輕人又突然補充了一句：「叫各位大哥大姊來學這個東西肯定是難為你們了，再說你們也沒空……」

你等等！你說我們學這個有難度？

小夥子，你得罪了中年人，後果很嚴重啊。

論學習能力和自我突破，我們中年人怕過誰？

不瞞你說，我就粗略估算一下，我在三十歲之後重新學習和深造的技能加起來比你吃過的鹽還多。

都一把年紀了還要從頭學起，神經病啊，我們不要面子的啊，但我們在這方面確實不要面子，我們狠起來真的什麼都學。

三十多歲我開始學《聲律啟蒙》、《三字經》、《弟子規》，兩三個月就實現倒背如流，國學童子功晚起步三十年依然能傲視群雄。

三十多歲我開始研究「龍的兒子們」，不然會被孩子瞧不起，那些叫做贔屭（ㄅㄧˋ ㄒㄧˋ）、狴犴（ㄅㄧˋ ㄢˋ）、霸下、睚眥（ㄧㄚˊ ㄗˋ）、狻猊（ㄙㄨㄢ ㄋㄧˊ）的龍的兒子，我為自己能念出這些名字感到自豪……當然，中西結合的我也跟著娃看《哈利波特》，學會了好多魔法咒語。

三十多歲打開新世界大門走向數學課堂，什麼鴿籠原理、追趕問題、雞兔同籠、牛吃草閉著眼都會做，能用狗血公式的絕不用高階方程式，把簡單的事情複雜化是中年人對付數學的新技巧。

三十多歲的時候必須能和娃一同背誦七十五首古詩，三年內達到了一百二十篇古文張嘴就來的程度，終於實現了腹有詩書氣自華。

三十多歲我開始研究機器人程式，玩轉Scratch程式設計、Python、Ｃ＋＋，以前看到計算機系的都給跪了，現在看到不會玩樂高機器人ＥＶ３和Playgrounds的都一律鄙視。

三十多歲學會所有手工勞動技能甚至木工和鉗工，學會了廢品收集，能徒手做六個蹺蹺板，至於照顧幼兒園的花花草草蠶寶寶之類的技能，也必須是無師自通，自學成才。

三十多歲攻克自我侷限，走上戲精之路，不用科班出身也能生動演繹各種角色，還在學校的舞台劇上扮演一棵樹全程不笑場。

三十多歲開始跟娃一起報直排輪、游泳和攀岩，學會蛙式、自由式、仰式的時間都得比娃短，不拴安全繩表演猴子跳牆都得面不改色，以前靜如處子的我穿上直排輪鞋動如脫兔，感覺自己像少女。

三十多歲開始為了陪娃學各種球，到處請教圈內人士，從來不看體育比賽的我看到橄欖球、棒球聯賽都能直接當戰術解說嘉賓，用的全是專業術語。

三十多歲我開始一邊研究各西醫科室的治病方法，一邊學起了中醫推拿，學會了確診玫瑰疹、皰疹性咽峽炎、化膿性扁桃腺炎、輪狀病毒等病症及護理方式，憑一己之力在家非法行醫從沒誤診過。

三十多歲我開始透過實踐加分析形成了基本的自救意識，已經經常和姊妹們分享如何使用硝化甘油和黃耆水補氣，如何提升每晚體力勞動（吼娃）的效率。

三十多歲惡補文史哲，作為一個曾經歷史成績稀爛的文科生，還在陪讀過程中把中國的歷史朝代搞得一清二楚，連野史都主動研究起來。這種探索鑽研精神如果在十年前就有，我可能會成為一位教授。

三十多歲開始苦心鑽研樂器理論，百人交響樂團裡哪個位置是個啥樂器能說得頭頭是道。作為一個以前從沒碰過大提琴的人，能準確指出娃的音準手型問題，然後淡定地說：「重來。」那面容冷峻得活像個退休的老藝術大師。

三十多歲開始重新學溝通和展示技能，好看炫酷的ＰＰＴ（做簡歷用）信手拈來，花式排版、遣詞造句脫口而出（和老師溝通用），不知不覺導致現在開個大會我都先加一段抒情寫意的開頭文：**春去秋來，大家報表做完了嗎？**

三十歲之後我鼓足勇氣買了人生第一把剃頭刀，強迫自己成為比丘尼，拿親兒子的頭練手，從西瓜頭板寸頭中分頭到各種奇形怪狀造型，全部靠著強大的想像力和手勁逐一實現，不花一分錢也能成為美髮專家。

三十歲之後我才挖掘出了自身蘊藏著的多重美德和能力，不費吹灰之力成為斜槓中年。更狠的乾脆自學拿到了教師資格證，為了輔導孩子的發音還考了英語口語全國等級考試。哦對了，還有黃牛——現在有什麼演出表演、短期遊樂園基本就是聞風而動，嗖嗖地刷票。

三十歲之後開始了心理學和法律啟蒙，為了孩子敏感易碎的玻璃心，買一大堆心理學書籍自學，在娃的自由平等民主法治自我意識增強的前提下，或是一把關上門謝絕你侵犯隱私的時候，青少年保護的相關法令圖書都能擺上書架了。

以上不是我自吹自擂啊，我是想說明一個道理——

學習這件事，真不是靠家長逼，靠孩子逼可能更有效一點。

有了娃之後，根本不需要人管，自覺自願自律自強不息地學了那麼多本領。

昨天群組裡的一個媽媽說：「我一個文科生，硬是答出了高二的生物題。」

我覺得這不值得驕傲，畢竟有娃後回爐再造達到人生頂峰的不是你一個。

自從工作後，只有上班時間使用有限幾個英文單字的我，惡補閱讀，能陪孩子看完一整篇原版文章，還惡補口語，和多種膚色多國老師無障礙交流到天花亂墜最後成了他們的江浙滬旅行導遊，我驕傲了嗎？

當然，我認為我的技能中長進最快的一項當屬「查資料能力」。

手機上不裝個字典ＡＰＰ你敢輔導英語？

跟娃玩二十四點你不用偷偷上網提問？

而這一切又必須暗中進行，所以對我的反偵察能力也有所訓練，作弊也面不改色心不跳的我，現在可以去考警校。

我有個朋友，孩子上芭蕾課，她跟著報了成人芭蕾；孩子上英語課，她報了ＣＦＡ特許金融分析師考試；孩子鋼琴課剛開始她就每天苦練，現在考個七級沒問題。

還有個朋友，為了跟得上娃學畫畫的腳步，自己買了各種畫畫裝備增添家裡的藝術氛圍。從做壁報中逼出來的畫畫技能與日俱增，苦練素描每晚畫三張兵馬俑貼滿床頭。那場面，你想像一下……

有的老母本來不會做飯，為了讓娃吃得健康，報了廚藝班，三個月後廚藝精湛到把自己吃胖了快十公斤，還無師自通地自學了西點烘焙，把隱藏了三十多年的廚子體質給暴露出來了。

有的中年婦女原本柔情似水，纖弱如花，有了娃後學會了騎小孩的十吋三輪車在野地裡馳騁；鹹蛋超人五兄弟的名字張口就來；對二戰各種坦克型號瞭如指掌，虎式、豹式、雪曼一眼就能分清。

隨便找個幼兒園的媽媽，給她一個月速成幼師也是可行的。手工摺紙、藝術創想、廢舊材料DIY、動物百科（附加恐龍百科）不在話下，兒童繪本故事講得不比專業的差，還得是個樂高達人。

有多少中年人都是被耽誤了的學霸，如今他們動輒高中英文文法第一冊倒背如流，數理化公式常記心中，生怕娃到了高中後以為自己是文盲，加班加點地惡補閉曲面函數和冷次定律，以備不時能秀一下。

中年人自從帶娃後，學習的動力都空前高漲。無數個英語學渣，陪娃背單字到現在堅持了一百四十天；陪娃打乒乓球，颳風下雨都攔不住。回想當年單身時，一定是窩在沙發裡花好月圓。以前記憶力再差的人，當了家長後就是個鬧鐘＋經紀人，絕不會搞混娃的各種上課時間，排路線、排時間、排計劃表，永遠在路上，永遠熱淚盈眶。

有很多中年人，本來挺內向的，自從孩子上學後，學會了社交技巧，見到同班、同級、同校家長就撲上去，三言兩語就結成同盟，引為知己，自己更是各種群組群主、班級家代、年級家代、校級家代……最後作為家長代表在大會上講話，達到了人生巔峰。

然而，路漫漫其修遠兮，在娃的啟蒙之恩下，在肺活量破千和心肺功能破萬的進步之下，仍有很多中年人的學習意志力不夠強大。

他們一開始信心滿滿要跟娃一起學鋼琴，以後可以四手聯彈；要跟娃一起學圍棋，以後可以圍爐對弈……後來發覺，可以滑個手機打遊戲才是王道。

多年後，你家孩子對你說：「媽，快過來，咱倆該寫作業了。」你就會有一種愧疚無以言表。

而大多數的中年人，只要跟娃一起學，很有可能逆襲，清華北大都欠你一個學位。

所以不要看不起中年人，別以為他們的學習能力屈於年輕人之下。要是敢低估中年人的爆發力，可就相當於得罪了一大群霸王龍。

有人問我**有娃後學到的最重要的人生技能是什麼**，我想來想去，**如果選一項受益終身的，大概是娃教會了我深呼吸吧。**

十三說

有了孩子的這些年，我真的感覺自己在成長和進步。不光是心理素質和處事應變能力，還有各方面的知識技能。不光我們做爸媽的，就連我的爸媽，孩子的外公外婆，都在有了外孫，經常陪外孫玩耍、學習之後，學會了多種新技能。我媽用電腦繪圖板非常溜，我爸和外孫線上打遊戲都互相崇拜。幾十年前錯過的學習機會，現在全找回來了。

教育真是一個大產業，網羅的不只是孩子，還有孩子的整個家庭。只要在這張網裡，你不想學也得學，孩子逼著你二次上進，二次成才。

— 5 —

塑料友誼：各自黑老公＋彼此誇孩子

「最懂女人的女人」之間，一切都是赤裸裸的，洞悉明瞭，卻不說破。

晚上九點十分，夜幕低垂，萬籟俱寂，名為諸如「**塑料姊妹媽要奮鬥**」之類的通訊群組拉開了夜生活的序幕。在這個曖昧的時刻，當一部分人已經開始了性生活，另一些人才剛剛開始復活。

這個神奇的物種被稱為四旬老母。

她們的寒暄方式不是「你吃了嗎」，不是「你睡了嗎」，而是「你吼了嗎」。

不吼不足以平民憤，不吼不足以談人生。

這可能是一個陪讀媽的日常人生縮影，陪作業，陪訂正，陪複習，陪練琴，陪洗腦……幾乎每個晚上，她們都會經歷一個普通人可能需要花十幾年才能完成的情緒波動拋物線：

極其平靜—略有波瀾—激情咆哮—自我控制—反覆咆哮—反覆控制—失去控制—反覆失去控制—懷疑人生—自我安撫—空氣突然安靜……

在「冷靜點不要吼」和「不吼不可能」的拉鋸中，內心的兩個小人已經嚇得躲起來了。一個說：「我看這次又是在吼難逃。」另一個說：「是啊是啊。」

直到一場場如浩劫般的戰役結束，敵軍與豬隊友們都洗洗睡了，她們又重新燃起了生的欲望。以四句老母為中堅力量的通訊群組，充滿了人間煙火氣，這煙火如同一個盾牌，杜絕一切「還不夠資格」的同類接近。

老母親界的潛規則大致是這樣的：不到三十歲的都被稱作「二十多歲」，一過三十歲的都叫「奔四老母」。

奔四老母是不帶二十多歲老母玩的，沒孩子的更不被放在眼裡。這是一條很明顯的暗物質鄙視鏈：你們的歷練還差得遠，我們沒有共同語言，你尚不能跟我們抗衡。

至少在談到「吼娃」的時候，能講得有料。這是入門許可。

社交圈的局限性在中年婦女身上展現得尤為明顯，她們根據不同的磁場來判斷情感嫁接的深度。

比如：

如果大家都有娃，那麼我們就算有緣。同是天涯淪落人，相逢何必曾相識。

如果大家的娃年齡相仿且都比較難帶，那麼我們能成為好友。惱亂橫波秋一寸，斜陽只與黃昏近。

如果大家吼娃的技法相似，內傷相近，則有望成為知己。煙姿最與章台近，冉冉千絲誰結恨。

但如果你沒有娃，哼哼，你有權保持沉默，但你說的每句話都將成為刺激我的凶器，並將很難獲得我的原諒。

因此，多數情況下，四旬老母交朋友不看對方好不好看，有沒有錢，只看她是不是一個戰壕裡的戰友。

很難想像，一個沒有孩子的女人，如何能在晚上融入到一個以老母親為主的通訊群組裡聊天。

她可能先是一個人唱獨角戲，**「大家最近看什麼網劇啊，推薦一下？」「大家有什麼好的吃消夜的地方嗎？推薦一下？」「你們覺得寬褲和窄管褲哪種顯瘦啊？」**……

群組裡將會是一片死寂。

此時各位媽媽正在「工作」，後台的一幕幕懸疑諜戰陪娃大戲正在上演，還沒人顧得上來戳戳你這個可以自由享受夜晚時光的單身女子。

不出意外的話，這位句點王大姊在群組裡很快就沒朋友了，友誼就是這麼瓦解的。

四旬老母之間的友誼，是塑膠材質的。

她們非常容易拜把子，也非常容易崩裂。

拜把子的可能性非常多，比如各自的孩子擁有一樣的毛病：

「唉，我兒子就是拖泥帶水，在房間裡磨蹭一個多小時，作業才動了幾個字，氣死我了！」

「哎喲，一樣一樣的，我兒子也是！」

「唉，我兒子就知道玩，要買這個玩具那個玩具，就是讀書沒心思！」

「哎喲，一樣一樣的，我兒子也是！」

「唉，我兒子都快二年級了，拼音還沒一次全寫對的！」

「哎喲，一樣一樣的，我兒子也是！」

可以了，馬上拜把子吧，你們一定是前世約好了的難姊難妹，相約在今生一起來渡這場劫的。你們將會有無窮無盡的共同語言，你們的下半生不如一起結伴同行。不管三觀（世界觀、人生觀和價值觀）有多不合，也不管生活習性差異多大，只要你們的娃擁有一模一樣的缺陷，你們就是最配的。

不用擔心朋友會多到顧不過來，因為很快，一些四旬老母之間的塑料友誼就會滅亡。

「唉，我女兒一點都不自覺，我不盯著，她就不知道去練琴。」

「哎喲，我女兒倒不用我管，自己很主動，做完功課就練琴。」

「唉，老師又給我發訊息來告狀了，說我兒子上課總是不專心。」

「哎喲，是嗎？我們老師傳訊息給我倒基本都是稱讚孩子的。」

快住嘴吧，這樣的話還是分手比較好。

不管你們曾經擁有多麼堅貞的情誼，你們未來的路還是各自珍重吧，因為你們的娃不一樣啊。娃都不一樣了，人生能一樣嗎？

如果要強迫自己和對方尷尬地留在一起，今後的話題永遠都像是一個站在精神的高地被孤獨的西北風包裹，另一個被陷在精神的窪地心裡咒罵了一萬遍。

強扭的瓜不甜，早分早好。

土崩瓦解的塑料媽友誼，會隨著年齡的增長而日見增多。

你會發現友誼崩盤的規律：

先是不和沒孩子的姊妹一起玩了。

然後是不和孩子不在一個年齡層的姊妹玩了。

接著是不和不同梯隊學校的孩子媽們玩了。

最高階段，不知道從哪兒冒出來的各種不同教育理念的姊妹之間，互成陌路……

若干年前我們四個大校花ＡＢＣＤ（我是Ａ），每年都有兩次遠途「姊妹之旅」，平時動不動吃喝玩樂更是數不盡。後來我和C同時有了寶寶，於是非常自然地，B和D成了我們眼中一對招人恨的野生自由主義者。

我們兩個有娃的已經沒辦法和那兩個沒娃的一起活動，她們要去的地方，一看就不是屬於奶瓶和尿片的。

我們兩位老母親一碰面就是小兒濕疹抗生素手足口病撕不爛書和擇校，而另外兩位還沉醉在折扣店演唱會自駕遊跳傘和民宿……

一個名存實亡的閨密組織，還在硬撐，除了能一起吃點飯，感情已經基本破滅。

但是風水輪流轉，B也很不爭氣地當了媽，我們的隊伍壯大了。後來的幾年，她沉迷於進口奶粉、痱子粉、藥粉，曾經的金粉校花已經徹底墮落。

看我們一個個活色生香，為了不被拋棄，D終於也當了媽……

瀕臨滅亡的友誼再一次死灰復燃，我們四個披頭散髮灰頭土臉的四旬老母的感情得到了不斷昇華，誓與日月同輝。

事實告訴我們，一個閨密組織要想保持長久和扎實的友誼，祕訣就是：要麼都別生，要麼一起生。

但這只是基礎，複雜的友誼考驗還在後面。

舉個例子，一對四旬老母，一個很懶，一個很奮進，友誼能長久嗎？

試想一下，每次見面有多冷場。

奮進的那個，「怎麼辦啊，我們才讀了一門數學一門英語一門圍棋一門書法，怎麼拚得過別人啊？」

懶的那個，「……你家娃這麼苦呵呵的，厲害。」

奮進的那個，「我們家門口的菜場小學可不能上啊，為了擇校我還得再給我娃加點課，他現在還有兩個晚上是空著的。」

懶的那個，「……好變態辛苦啊。」

奮進的那個，「你們最近在做什麼課外習題？我給你看我剛買的××學校內部高級自測卷，這個得天天做，大量做題目，否則絕對不行。」

懶的那個，「……這個是不是有點太難了，神經病了吧。」

幾個回合下來，基本沒有未來了。一段情不得不先雪藏起來，看以後有沒有機會解凍。

更微妙一點的友誼裂縫也有。比如兩個四旬老母，一個拚私校，一個混公立，這段友誼也是會漸凍的。

拚私校的，「怎麼能去上公立呢？公立學校什麼都不學，你不是耽誤了孩子嘛。」

混公立的，「私校不就是揠苗助長嗎？公立學校快樂教育，孩子快樂第一呀。」

拚私校的，「你上公立的，以後升學根本沒有競爭力呀。」

混公立的，「你上私校，天天把孩子逼得快傻了，也不一定好啊。」

拚私校的，「不上私校就沒有出路。」

混公立的，「是金子在公立學校也發光。」

「哼！」

於是，私校的那個以後會認識新的朋友，就是和她一樣把私校奉為神明的老母親們；公立的也會有新的朋友，就是跟她一樣不喜歡積極過度的老母親們。

道不同，塑料的友誼四分五裂。

一個合格的四旬老母結交朋友的方式，一定是和自己的娃綁定在一起的。除此之外，如果還有摯交，那一定是真愛。而任何一段表面上看起來風平浪靜、內心卻洶湧澎湃的塑料友誼，都會成為四旬老母牆上的蚊子血，心頭的硃砂痣。

有一次去北京出差，一邊工作，一邊見見朋友。為了見朋友，我是洗了頭的。為了不辜負洗頭，我還化了妝。為了不枉費這一番心機，我特意多約了幾組人，趕場般地會見，以免浪費了我的心血，否則就如同被丟棄在深淵裡的寂寥，是孤芳自賞無人問津的酸楚……

對一個中年婦女來說，洗頭化妝認真打扮過之後，是一定要好好珍惜的，因為難得，不容浪費。

世上沒有懶女人，就看她願不願意為見你勤快起來。

我早就說了，中年婦女與這個世界的關係分三種：

一、不洗頭能見的。

二、洗頭才能見的。

三、洗了頭也不想見的。

隨著時間的流逝和娃的作業與考試逐漸增多，我們現在與世界的關係也在發生變化，逐漸變成只剩下兩種：

一、不想洗頭也不想見人。

二、除非我有五千元以上的高級捲髮棒才有動力。

所以，中年婦女的現實和懶惰，不是那些只洗個劉海就出來玩的年輕女孩可以明白的。她們的心願是打扮得美美的出去happy，我們的心願是老公帶著娃打扮得美美的出去happy，好讓我在家靜靜……

所以，能認真把自己打扮一下出來見人，我是有誠意的。

然而我猜中了開頭，卻沒有猜中結尾。

在北京約的中年老母朋友們，每一個匆匆忙忙趕過來的，都不修邊幅，弄得我很突兀地獨自美麗，就像一個油畫裡逃出來的怪物，打扮得花枝招展，跟幾個從怪手上剛挖完土下來的女人一起探索人生……

她們微笑著說：「神經病啊，我們不要面子的啊！你今天真美。」

但這依然是很有滿足感的一件事，大家對我表達出了不約而同的羨慕：

你好開心啊，一個人出差。

你真爽啊，可以跑出來玩幾天。

好羨慕你啊，我還得加班和帶娃。

啊啊啊啊啊！我也想出差！

出差成了好多中年婦女夢寐以求的事，哪怕她們不知道我是躲在飯店裡趕工，或是戰戰兢兢地跟客戶談事，或是緊鑼密鼓地安排行程……

但至少表面看來，我是一個出差的中年婦女，人生贏家啊。

幾天裡和好幾個中年婦女朋友匆匆一面，接著她們趕回去帶娃的、加班的、照顧病中老人的，紛紛說走就走，拋下了我這個自由散漫、暫時不用管一切家事的幸福女人……

塑料友誼小而美，不長留。中年婦女的一切相逢離別，全都聽天由命。

能在一個普通的忙碌日子裡突然和老朋友相約，這是很多中年婦女的小確幸。

現在對我們來說，真正放鬆和滿足的時刻太稀少了，平時跟老公卿卿我我湊合著過，跟孩子母子情深大吼大叫，都比不上和一個同樣處境的同齡婦女一起坐一會兒，**互相說說自己的倒楣事，好讓對方開心開心。**

前天晚上和一個幾年未見的老朋友吃飯，一頓飯大概一個多小時的時間，她接了兒子打來的五通電話，多數也就是一些廢話，問媽媽幾點回家。

每接完一通電話，她就開始絮叨老公，「豬隊友明明就在家，兒子還當他是透明的，什麼事都要找我，每次出門要打一百通電話給我問這問那……」

這場面太熟悉了，娃千好萬好都是「媽媽培養的」，娃做了什麼煩人的事都是因為「他爸無能」。

這也可以理解，娃是自己生的，老公是別人生的。

這一頓飯讓我罪惡感滿滿，感覺就像惡意搶走了人家的媽，趕快催她早點兒回家，一肚子還沒聊完的話，且等下次吧。

還能等下次的，都是鐵打的情誼，不會被一個娃輕易摧毀，禁得起風吹雨打和經年累月的等待。

下一次的約會到底是什麼情形，還得看大家的娃和老公是不是爭氣……

所謂聽天由命，真是老天賦予中年婦女家屬們的莫大權利啊。

平時三五好友想約個下午茶是愈來愈難了，週末比上班還忙，好不容易聚在一起，開場白（吐槽儀式）還沒盡興，已經有人要走。

每次總有人氣得不行：「走吧走吧，下次不帶你玩了。」

可是下次還是得帶她玩，否則怎麼辦呢，到這把年紀上哪去找新歡？

畢竟中年婦女交友太難了，要考核價值觀、審美觀、愛情觀；夫妻間喜歡秀恩愛的和夫妻間已經純友誼的不能互訴衷腸；不輸在起跑點的和擅長放養的沒有共同語言；有娃的和沒娃的更是絕對無法一起聊天……

排除各種不匹配的，剩下的真不多了。雖然能不能愉快玩耍全都聽天由命，但卻能在一起長長久久，沒法時常見面，甚至用手機聊天都不多，但想找人喝一杯聊聊的時候總能想到對方，不用怕七年之癢，更不會變心和劈腿……

這樣的友誼雖然看起來脆弱，但也是世間最堅固和不會互相傷害的感情了。

兒子小學畢業前夕，相親相愛了五年的幾位同班老母一起吃了頓飯。

老規矩，沿用**「中年老母維繫友誼的核心」——各自黑老公＋彼此誇孩子**，一套流程走完之後，神清氣爽。但這次氛圍有點不一樣。

我們中的「大姊大」說：「下一頓能聚齊我們所有人的飯局，也不知要等到猴年馬月了。」

其他人說：「怎麼會，想聚隨時聚呀！」

大姊大說：「你見過有了新男友之後還能和前男友隨時聚的嗎？」……

還真有道理啊，女人之間的友誼，真的比談戀愛更複雜。

等大家的娃進了新的學校各奔前程，媽媽們也就跟著娃晉級了，有了新的社交圈。

為了融入新圈子，就要學會斷捨離。

大家也不是第一次晉級了，多少有點經驗。

記得兒子幼兒園畢業時，相處了三年的老母親們也是難捨難分，畢竟我們可是一起做過燈籠、包過粽子、演過狼外婆、跳過南瓜舞，一起裝瘋賣傻，相互討拍取暖了整整三年的好姊妹啊！當時滿懷信心，覺得山無陵天地合才敢與君絕。

結果沒過幾天就山無陵天地合了。

自從進入不同風格的學校，開始演化出傻呆萌和積極媽兩種截然不同的中年婦女類別之後，友誼就開始徒有其表了。

「下週六有個兒童話劇，要不要帶娃一起去？」

「不行啊，我們有數學課、英語閱讀課和作文課，還要去同學家一起準備科技節的飛機。」

「下週日一起吃個飯？」

「不行啊，下週日學校藝術團要排練，而且晚上已經和同學約好了一起看電影。」

唉，人一旦變心，是騾子是馬都拉不回。

當年陪人家看月亮的時候，約什麼都有空；如今新人勝舊人了，吃個飯都湊不齊……

娃有了新的圈子，塑料老母姊妹花也立馬跟著無縫轉移。至於之前的舊愛嘛，朋友圈可以按按讚，群組裡也能吐吐槽，但要想和以前一樣三天兩頭約會相聚，難度有點大。

新勾搭上的一群老母，彼此習性還沒摸透，各自的孩子還沒對上號，得花大力氣鑽研啊，哪有空跟舊愛纏綿？

每一個畢業班背後的女人，伴隨著孩子一升學，就相當於給自己換了個男朋友。

吳彥祖固然挺好，但你現在和彭于晏在一起了，怎麼，嘴上還老掛著吳彥祖，神經病啊，彭于晏不要面子的啊！

有良知的愛情，是同一時期內只能愛一個人。

有良知的老母，是同一時期內只能選擇和一群老母情比金堅。

而我們的交友首選，是沒得選，因為一定肯定必定是娃來決定的。

娃和誰在一起，我們就和誰的媽在一起。

娃跟誰有交集，我們就和誰的媽白首不分離。

每年畢業季和開學季，四面八方的老母都懷著忐忑的心情，開啟人生新篇章。新一輪的週末陪讀浪潮，新一輪的人生親密戰友，一切都在更迭。在這個更迭的轉折點上，又總免不了回憶過往。

多年來，老母之間這鐵打的友誼又豈在朝朝暮暮。

每天晚上吼娃運動結束後，只有在老母群組裡才能尋得一絲寬慰。

找不到制服、作業本失蹤時，也只有老母群組能瞬間解決尷尬。

每一次考試前，只有老母群組才是互相取暖、消除焦慮的港灣。

每一次考試之後，只有在老母群組裡能找到同病相憐的戰友。

孩子再不受教，總能在老母群組裡找到更不受教的，從而獲得身心的真正平靜與釋懷。

只有老母才能真正伸出援手，解救瀕臨絕望的中年婦女，把快發神經的姊妹們從崩潰邊緣往回拉一把。

你一定會覺得，嗯，這鋼鐵般的友誼，天長地久，熠熠生輝，其硬度恐怕僅次於我和雲配偶之間的友誼了吧。

對不起，你的小孩畢業過嗎？

一場畢業，足以讓數以百萬計的鋼鐵姊妹情瞬間化為春泥，融化在大江南北；那些堅毅一些的可能退化成塑料友誼，未來還能堅持多久，全看造化。

在一場場土崩瓦解、名存實亡的塑料友誼中，總是有一些規律可循的：

上了幼兒園的，不和沒上幼兒園的媽媽玩了——她們只知道吃喝玩樂；而我們幼兒園媽媽之間的真摯友誼，展現在手工材料共享和未來女婿媳婦直接取號排隊上。

上了小學的，不和幼兒園的媽媽玩了——她們只會聊幼稚可笑的東西；而我們小學媽媽們談論的都是補習機構哪家強，擇校策略誰更懂。不光有高瞻遠矚的戰略，還要著眼於當下每一天，互相討論作業，研究各類活動。

上了中學的，不和小學的媽媽玩了——她們還停留在鬧著玩的成長階段；而我們中學的媽媽才是真正的幕後聯盟，反正已經看不懂娃在學什麼，我們要對付的是更高一級的情懷，當更年期遇上青春期，瞭解一下？

到了更高年級，學霸媽媽只和學霸媽媽玩——建個小群組分享招考資訊，研究衝刺補習，高階層的一對二、一對多名師輔導，一聲呼喚立馬成團，隨時在身邊同舟共濟的好姊妹，只有衝刺班的媽媽們。

過去感情很深的老母團，在各自的孩子分道揚鑣之後，彼此之間討論的話題也瞬間降級了。過去聊的全是圍繞偉大的教育事業——小到「今天作業是什麼」，大到「未來二十年國家需要哪方面人才（我就送娃去學哪個技能）」，從簡單的個人情感上升到了偉大的育人戰略，多麼崇高。

換了圈子以後怎麼聊？沒有共同語言啊！我說我們學校某個學霸多厲害，你說你們學校老師長得多漂亮，然後呢？

打擾了，告辭！

但我們依然要彼此理解。其實大家愈來愈沒空，那是真的，不是託詞。因為大家不得不去和新團體聯絡感情嘛，不得不為新的群體做貢獻嘛，不得不積極參與新的交流嘛，甚至連我家爸爸，也不得不認識新的爸爸，互道相見恨晚嘛！

不過相見恨晚之後用不了幾年，大家又要互道珍重了。

大浪淘沙，人生總是要在不同地方上車，又下車，總有一些人能在某一段時期內，成為我們精神的寄託，彷彿找到了靈魂深處的另一個自己，能讓我們感到踏實和彼此被照顧。真正禁得起時間沖刷的雖然不多，但還是有的。

對於這些娃都已經散夥了卻還彼此保存著那份珍貴情誼的姊妹，我們一定要珍惜。

即使不靠娃牽連，依然能長久凝聚，這海枯石爛不分離的純潔友誼可不能消失，否則未來我們找不到夥伴一起去跳廣場舞，那也是很沒面子的。

十三說

女人往往會覺得「只有女人才最懂女人」，也正因為如此，女人之間的友誼才會那麼微妙。它和愛情不一樣，愛情的美妙之處在於很多時候是靠「猜」的，去揣測對方的小心思，猜一下對方心中的自己是什麼樣的，那種小情趣會增加彼此的愛。而**「最懂女人的女人」之間，一切都是赤裸裸的，不需要猜，反而是一切都洞悉明瞭，卻不說破。**

這就是女人之間友誼的絕妙之處，既溫暖，又冷酷。而有了孩子的媽媽們之間的情感，更是取決於孩子。年紀愈大，愈喜歡做減法的女人，隨著帶孩子的生活愈來愈瑣碎辛勞，於是只想用最簡單的方式，維繫最有效的友誼。

這是一種向生活妥協的方式，更是一種讓自己更舒適的方式。這不是狡詐和敷衍，不是不負責任，是彼此都心知肚明，卻又甘之如飴的處世智慧。

—6—

我們的目標是：不輸給親家

追趕親家的路上，只有想不到，沒有做不到。

我媽和我婆婆首次會晤的場景非常感人。

婆婆說：「我兒子從小沒生過病。」

我媽也不示弱，「我女兒從小也是白白胖胖特別結實！」

婆婆說：「我這個傻兒子太老實，做事太規矩。」

我媽緊隨其後，「我家這個傻閨女也太實在，一點心眼都沒有。」

兩個回合下來，勢均力敵。

後半場我媽先開始補充，這次側重詩和遠方，「我女兒也沒什麼特別的愛好，就是平時玩玩十來種樂器……」

婆婆一時有些慌亂，但又不得不接下聯，於是她說：「我兒子動手能力很強，家裡所有的家用電器，他全會修！」

簡直完美，珠聯璧合。

你看，過去的親家之間，不動聲色地就把要點給談攏了。

到了我們這一代，就沒這麼簡單粗暴效率高了，以後我們考察親家的底細，那得複雜得多，而且週期長。

以前我們幼兒園裡有一對「小金童玉女」，大家經常開玩笑說這兩孩子是天生一對，兩小無猜。後來女孩上了某明星私小，男孩讀了公立學校，沒過幾年，「名校的金枝玉葉」和「公小的散養野小子」形同陌路，女孩媽媽明確表態，「我女兒現在班裡的男學霸和我們才是一對金童玉女……」

天啊，那是我第一次明白什麼叫階層。

想想是可以理解的，名校的金枝玉葉每週學數學英語，空檔學鋼琴長笛芭蕾舞中國畫，手握二十多張獎狀證書，如同一枝積極向上開的花，爸媽覺得砸了這麼多心血培養出來的小公主，怎麼會甘心止步於那些沒怎麼被投資過的普通娃？

如果以後相親需要先填表，第一項估計就要求寫幼兒園和小學名字。

第一輪就能刷掉一千萬，這一千萬剩男發現大家居然都是校友，分別來自菜場幼兒園、菜場小學、菜場中學……

第一輪刷完後，第二輪也是千軍萬馬過獨木橋。

去公園相親角掛牌的時候，履歷必須豐富且細緻，從小到大上過的補習班、學過的課外知識、參加過的競賽、得過的獎盃、旅行過的國家、參加過的夏令營，全寫上！

到那時候萬一大家實力相持不下，想要脫穎而出，還必須有點與眾不同的招式。

比如別的孩子履歷都清一色的是國文數學英文，你衝出來說：「這位太太，看看我兒子，我們還有康德的理論哲學＋當代美學研究與應用結業證明……」

別人都是只學過足球籃球棒球橄欖球，你衝出來說：「這位太太，看看我兒子，我們還有太極氣功和降龍十八掌十級證書……」

未來的相親根本不是相親，那是集招生、招聘和答辯於一體的大型人才引進面試大會！

你從小給孩子投資的錢和精力，決定了未來親家審視你的角度。

這屆爸媽難當，主要難在想得太多。

我有一個男性朋友，是個資深ＨＲ（人資），他經常給我們講「補習班風景線」。每週有兩天他會帶著自己的女兒去上補習班，他就在門口坐等，閒來無聊他就會觀察那些陪讀的媽媽，觀察久了就搞出了一些大數據分析。

「有些媽媽不修邊幅，面無表情，神情頹廢，送孩子進去上課後，她就呆坐在教室門口乾等，滑滑手機，發發呆，直到孩子下課。這樣的親家不行，因為她們沒有自己的生活，全身心都在孩子身上，將來娃結了婚，她們也會黏著孩子，那不是給小倆口添亂嘛！

「還有種媽媽花枝招展的，把娃往教室裡一丟就消失了，臨下課再趕來接娃，手裡拎著大包小包，一看就是玩心很重＋特別重視自己。這樣的親家也不好，因為她們太要享受，以後孩子有能力了她們就會依賴孩子幫她找樂子，而且會很難搞。」

這屆家長早熟，從小就開始為未來親家打造畫像了。雖然有點誇張，但卻不無道理，我們這一代家長比上一代家長更有「分層」概念，所謂的門當戶對，在如今看來，是更難了。

比如同樣是受過高等教育、有著不錯的工作、收入相當、家境相差無幾的兩家人，生活品質和習慣卻可能有天壤之別。看起來是門戶相當，但骨子裡卻是大相逕庭。

用法國頂級保養品長大的婆婆，和用開架保養品長大的婆婆，氣質上是不是有明顯的不同？前者可能會在兒媳婦出國時列張代購清單，還能詳細說出去哪個機場的哪個櫃檯找小李買哪個牌子的多少毫升裝的面霜，婆媳二人在這方面共同話題很多；而後者呢，可能會因為兒媳婦買了兩個顏色差不多的口紅而焦慮，千迴百轉地教育她不要亂花錢……

看韓劇長大的岳母和看宮鬥劇長大的岳母，氣質上也很不同。韓劇控的岳母總覺得女婿不夠英俊不夠暖不夠霸道，就是有點配不上自己的女兒；而宮鬥劇控的岳母呢，總是覺得自己女兒需要得到更多的主控權，才不會在親家那裡受到不公正對待……

玩手遊長大的岳父，和看四大名著每天刷數學題長大的岳父，氣質上肯定不一樣。前者初次見面可能就約女婿來一局；後者上來先問：「小夥子，你數理化能輔導到幾年級？」……

另外還有些小細節，比如——

有六塊腹肌的爸爸vs.只有一塊腹肌的爸爸……

有頭髮的老父親vs.沒頭髮的老父親……

裹著絲巾站在向日葵地裡拍照的老母vs.捧著紅酒杯坐在沙龍裡拍照的老母……

假如未來你一不能唱二不能跳，就連PK個廣場舞，都難有露頭的機會，這將直接側面影響你孩子找對象的延展性。

神經病啊，你家孩子不要面子的啊！

敢對自己下多大的狠手，捨得給自己投多大的資，決定了未來親家審視你的高度。

我的兒子，起初我很想把他培養成一個暖男。

在他三歲之前我覺得這很有希望，他會用一隻手撫摸我的臉蛋，另一隻手摳鼻孔，然後雙手交換，摳另一個鼻孔。他的眼神專注而深情，溫暖極了，我在想：「將來到底哪位幸運的女孩能嫁給我這個兒子啊。」

在五歲的時候，他在萬聖節把做好的南瓜燈扣到我頭上，說：「我才不和你玩這麼幼稚的東西。」看著他冷漠的表情，我心想：「這個男人好酷啊，不知將來哪個幸運的女孩能獲得我兒的垂憐。」

他七歲那年，我出差時跟他視訊，問他想不想我，他說還行，然後我們彼此就沒什麼話題了。好吧，我知道，我們的七年之癢已到，從那之後我沒有什麼小暖男。

往後的歲月，我都是在為別的女人培養老公。

一想到這，就開始妒忌我未來的親家，嫉妒到肝兒顫。

通訊群組裡聊起未來找對象的複雜性，有位爸爸說，我家閨女沒別的好，就一條，顏值過關。我就笑了。都哪一年了，顏值能當飯吃嗎？

哪天你帶著閨女去相親，人家男方說我家兒子碩士畢業，國外留學剛回來，年薪百萬；又或是我家兒子出身好，知名理工學校畢業，身懷某某證書，正是市場熱門的人才。然後你呢，去跟人家說，我家女兒沒別的，就是好看。

人家一定當你是神經病。

我常在想，等我兒子把女朋友帶來家裡，一進門看到我剛臨摹好的梵谷還在陽台晾乾，而我正在琴房裡彈著蕭邦的〈夜曲〉打發下午懶散時光……

他倆以為我要附庸風雅，突然我端出上午剛做好的手工蔓越莓餅乾配手沖耶加雪菲咖啡，並且向這位小姐推薦起了米蘭時裝週剛紅起來的破洞牛仔寬褲……

我雲淡風輕地告訴她：「我老年大學裡希伯來語班的同班同學是個有名的設計師，下週我請她幫你訂做一套吧！」

兒媳婦不在意這些，她說從小是看著我的粉絲頁長大的，如果我能送她一套工具箱，比什麼都實惠。

下一屆婦女，應該是更爺們兒了？

夢中我露出了甜美的微笑……未來可期。

一個朋友說：「我媽說女孩要富養，我從小穿最好的衣服去最貴的遊樂園，一直到自己打工賺錢才發現我好窮，富養也沒讓我變富。」

另一個朋友說：「不能這麼說，女孩還是應該富養的，我對我女兒也富養。」

「哦？怎麼個富養法？」

「我女兒報的課都是一對一。」

旁邊男娃的媽媽，瞬間不自覺地躲閃了下目光。雖然兩人已經早就半真半假地訂了娃娃親，但此刻她估計是捏了把汗：**親家都一對一了，我們還在上三十人大課。輸了輸了！又輸一局！**

哎，這年頭，當媽真太不容易了，不僅要與時俱進，跟上節奏，還要不斷地實現高難度進階。

追趕親家的路上，只有想不到，沒有做不到。

本來以為不輸給親家只需要好好培養孩子，順便培養一下自己就夠了，沒想到現在「培養娃的手法」在不斷推陳出新，簡直追不上。

我跟著你們上了樂高才藝班，結果你們又去上樂高程式班了。

我跟著你們報了芭蕾舞課，結果你們又去報芭蕾舞音樂劇課了。

我跟著你們去了著名補習機構，結果你們……你們回家去一對一了……

親家路數深，我要回農村。

也許未來孩子們找對象自報家門時，親家雙方不光要看對方從小上的是公立還是私校，也不光要看報了多少才藝班，茶餘飯後的閒聊還得增加一些猛料。

當別的孩子都是「從小被嚇大的」和「從小被打大的」，你家孩子從容地站起來，「您好，我是從小一對一補大的，謝謝。」

直接就晉級了。

當別的親家還在秀著自己跟娃一起上了多少課，一起學了多少新知識，提高了多少新技能的時候，你一下就翻出朋友圈裡秀過的和各種名師的合影。

這都是與名師一對一輔導過程中結下的偉大友誼，儘管它始於金錢，終於金錢，換來的卻是全家身價倍增的強力背書，多划算啊！

人民的生活水準有沒有提升，有一個很重要的參考指標——

只要看晚上或週末，燈火通明的千家萬戶，坐在孩子身邊的那個人是爸媽，還是老師。

有愈來愈多的孩子，獨享一對一上門授課，點對點服務，貴族式輔導！

以前一整棟樓裡此起彼伏的都是爸媽歇斯底里的吼叫，「這題老師沒講嗎？你怎麼還不會做？你問我……你問我……我問誰啊！」

現在家家戶戶和諧溫馨，爸媽行動支付咻咻咻一刷，潤物細無聲。

就算到各大補習機構裡去看看，也會發現這裡的消費在默默升級。

一對一的小屋裡分別傳出數學、英語、物理，不同的聲音，輪番洗禮著一個馬上要考高中的孩子。

三個輔導老師輪流獨家輔導，家長的感覺那叫一個爽，就好像中、日、泰三國高級技師分別用獨門手法給你來了一次全套馬殺雞，厲不厲害，開不開心？

尤其是幾十人大課的家長擠在門口汗流浹背地等娃下課時，ＶＩＰ家長路過的時候一定要抬頭挺胸收腹撅屁股，走路帶風，氣場跟上。

反正那些人，將來都不是你親家。

以前是女孩要富養，男孩要窮養。

都哪一年了，觀念必須轉變，現在無論男女，一對一家教起步，貴族款特長傍身。

那些一對一的老師有望成為未來最熱門的紅娘——「子軒媽媽，我還有一個一對一輔導的孩子，骨骼清奇，器宇不凡，我看跟您家孩子很登對呢！」

肥水不落外人田，大家都是一對一補大的，富養的孩子門當戶對啊！

以後見了親家，見面禮別什麼高級保健品，直接掏出一張知名大機構特級教師ＶＩＰ終身一對一白金卡，存了三十萬課時的那種。

此卡一出，蓬蓽生輝。

連給孫子預存的「富三代」基金都兌現了。

我一個朋友的兒子還在幼兒園，跟同班的小蘿莉很要好，朋友就給女孩媽媽各種拍胸脯訂親，人家幾乎毫無波瀾。

後來自從她兒子每週一對一外教並有一位名家書法老師，女孩的媽媽熱情起來了。

按照我朋友的解讀，「也許是她對我的看法變了，從暴發戶變成了書香世家？」

我想來想去，不明白親家們之間比的到底是什麼。可能是比誰在孩子身上走的冤枉路多一點吧。畢竟老母們總覺得「花更多心血養大的那個孩子，似乎才配得上我的孩子」……

好懷念我們過去那個純真年代，管他富養窮養，會喘氣能工作就是成功。

我和老公戀愛時，婆婆給我講得最多的是他小時候走路撞樹上、騎車摔河裡的故事，我不但沒覺得他是個智障，反而覺得「哇，這個男人這麼命大一定能罩著我」。

但現在我確實有點後悔當初沒有詳細問一下婆婆「他數理化能輔導到幾年級」。

未來的親家們可就有了把關小技巧了，不但要挑自己學習好的，還要挑能輔導別人學習的。

我看，過不了幾年，當親家們沒什麼好比的了之後，可能就是一陣證照大比拚，學過臨床兒童心理學的以及教育心理學的，才是將來婚戀市場的王者。

如果來得及，各位親家現在努力拚搏一下，再拚個教師證出來，又能給孩子加分。

雖然各路親家路數深，但誰也阻擋不了老母們不甘落後的野心，提高自己才是王道，和人比終將被套牢。

千萬別為了眼前的一小塊綠，錯失了整片森林。

沒有路數的親家才是最好的親家。

十三說

我們社區裡好幾對訂下了「娃娃親」的家庭，雖然嘴上說著都是玩笑話，可大家都有一點小期待——和我訂了娃娃親的那家，最好能從小好好培養我未來的女婿／兒媳婦，讓他／她更出色更優秀，才配得上我的孩子啊。

媽媽們對生活的憧憬，有很大一部分落在孩子的未來上。如今的很多中年女性不光希望孩子學業有成，工作順利，賺錢多，身體好，甚至已經在替孩子考慮未來的終身大事，擇偶路默默地在老母手中打好了地基。

可憐天下父母心，但這也不失為調節老母們焦慮內心的一種方式，是讓大家在生活壓力之下得以喘息的小確幸。

—7—

悄悄吃土的中年女土豪

人到中年，貧富差距就是取決於你有沒有娃。有娃的，再富也有吃土的時刻。

一個朋友搞定了公司大案子，被升職加薪，還獎勵了一筆獎金。她在各個群組發紅包，並表示：我感覺自己全面實現了小康，下週請大家吃大餐！

還沒等到下週，她又通知我們：大餐延期吧，我剛給大女兒報了個英語班，繳了兩年學費；又給小兒子報了個托幼銜接班，號稱有世界一流的感統訓練和智力開發，教材和訓練包還要另付錢……

大妹子，你只是發了一筆小獎金而已，要不要搞得好像自己撿到了礦一樣啊！

中年人在娃身上一擲千金眼都不眨，都是土豪。耍帥完畢，連一頓大餐也請不起了……

小樹

我同事六十七年次單身，跟我說年紀大了要少而精，身上穿戴不低於五位數。我看看自己全部加起來不足五位數。但是我想到我給孩子寒假春季連報的課程六位數不眨眼的，我心裡又驕傲起來

白天暴發戶，晚上就可能淪為困難戶。手上但凡攥著點錢，就在脫貧的邊緣反覆試探，最終總是以失敗告終……一切都取決於一念之差——比如又給娃報了個班。

那些天天迎來送往的才藝班、補習班，以為自己手底下帶著一群小富二代，殊不知這群娃的爸媽為了給你們繳個學費，可能又多吃了好幾個月的泡飯榨菜。

話說回來，榨菜也得省著點。你知道嗎？少吃八包榨菜就能省出一套考試包中全套模擬試卷，刺不刺激?!

很多中年人，存款是貧困戶級別的，帳戶裡的流水是土豪級別的。

永遠不要被一個外表看起來勤儉持家的中年人給騙了，他穿著兩百多塊的超市款汗衫，用的帆布袋子是一百五十塊買大送小的，人家喝星巴克他只喝菊花茶，但他會在一天之內隨手按幾個確認鍵，就能頂你大半年的大額開銷總和乘以二。

這些開銷說出來，單身的人也許聽都聽不懂：數學菁英班、物競班……還有更厲害的，什麼鋼琴長笛黑管，素描油畫雕塑，擊劍馬術棒球……中年人多有錢，只有才藝班老師最清楚。

昨天一個朋友傳來上面這個訊息。

精緻的單身小姊姊真的可以隨時隨地「對自己好一點」，而有娃的老母親可以隨時隨地「對自己狠一點」。

殊途同歸：你實現了LA MER自由，我實現了補習班自由。

大家和諧共處，平等自由，區別僅在於結果：前者變精緻了，後者變精神了，或者神經了。

人到中年，貧富差距就是這麼拉開來的，不是取決於你做什麼工作，有什麼地位，而是取決於你是不是單身，有沒有娃。

單身的，再窮也有精緻的瞬間；
有娃的，再富也有吃土的時刻。

中年人的表面富裕程度和實際吃土量是成反比的，絕對是和娃掛鉤的。

有一個娃的看起來都是中產；
有兩個娃的看起來全是土豪；
有三個娃的絕對是土豪裡的戰鬥豪。

但是，千萬別被這表面的虛榮給騙了。

不瞞你說，每次給娃花上千元買一大套進口全彩頁繪本的土豪老母，月黑風高時都會用手機讀書APP辛辛苦苦攢讀書幣看免費電子書。

帶娃看電影必買imax＋杜比環繞4D大片的土豪老母，四下無人時都會找朋友要盜版影院偷拍版免費大片資源庫。

眼都不眨就給娃辦了迪士尼年卡和坐擁十幾個米老鼠耳朵的土豪老母，跟閨密出去喝個下午茶也會因為要湊夠拼團人數而一拖再拖。

每次指定要最低收費也得千元的店長給娃親自剃頭的土豪老母，跟Tony老師說得最多的話是：不燙，不染，不辦卡，謝謝。

你以為這些中年老母剋扣自己是因為差錢嗎？笑話，從她們的孩子情況來判斷，她們個個不差錢。

這種反差萌令中年人成為社會上最神祕的一道風景線，我們家裡的四腳吞金獸豈是浪得虛名。吞金獸有什麼辦法，他也很無奈啊，又不是人家自己要上才藝班的……

養娃這件事真的就像去快餐店買套餐。

我買了一個「單娃套餐」，覺得挺傲嬌的了。隔壁上來就點了「二寶龍鳳雙拼套餐」的大哥讓我自慚形穢。不過很快，旁邊另一個點「二寶兩兒豪華套餐」的大姊讓我們都黯然失色了……

至於「仨男娃頂級限量版套餐」，乃人生贏家也。這絕對是要領國家貢獻獎的英雄全家桶吧。

那個仨男娃套餐人生贏家前幾天和我一起吃飯，向我諮詢「哪些學校是寄宿制的」。

我們一起研究了半天，發現寄宿制的學校都是又好又貴。

人生贏家一拍大腿，「沒事兒！報！寄宿一個算一個。」

我感覺寄宿學校的校長怕是要見到土豪本尊了，怎麼，你們這是要當寄宿世家啊！

吃完飯，她拿著結帳單趾高氣揚地對我說：

「這頓飯你請。」

在全家桶面前，我們只有一個娃的老母就顯得比較被動了，不埋單真的說不過去，一切為了文明和諧自由平等誠信友善。

現在站在學校門口，你以為迎面走來的是一隊隊的小學生嗎？那明明是北京二環的半個區域啊！明明是一輛輛行走的悍馬車保時捷啊！

再看看門口的那些爸媽，中午吃的便宜盒飯劣質地溝油的餘味還留在半禿的頭頂心，久久不肯散去……

但這並不影響我們的社會地位，現在連大數據都知道我不缺錢，接到的推銷電話都是精裝修大坪數和地鐵上蓋五百坪商鋪，我驕傲了嗎？

我真的不好意思告訴推銷的，「大兄弟，我沒錢。」

中年人的哭窮真的非常有戲劇性——

雖然我給女兒報六千五一次的一對一賽前大師舞蹈課，但我連咖啡都喝三合一的啊。

雖然我帶娃出去旅遊都是五星級飯店，但我自己連地鐵都嫌貴，只想騎公共自行車啊。

雖然給兒子報美術課都是上萬的，但我六年都捨不得換個手機啊。

雖然我給兔崽子買Air Jordan，但我在購物網站上連三百九的褲子都收藏了兩個禮拜還不買啊。

雖然我只試聽了半節課就毫不猶豫給娃報了八萬塊的英語班，但我連買一送一的四位數寫真都捨不得給自己拍啊。

雖然我給娃買了好幾個萬的大提琴都覺得虧待了他，但我給自己入個一千多的烏克麗麗都陷入了深深的自責啊。

我娃近視了，立馬買了兩萬七的按摩卡，一週兩次；我頸椎病十幾年，三千五的推拿就是嫌太貴。

託人給娃帶幾大盒澳洲藍莓越橘護眼片好幾個千；自己吃個水果至今還沒實現櫻桃自由。

上街隨便逛逛就給娃報了個書法班；想好了給自己買個結婚紀念日禮物，兜了半天商場最後買了一個兒童保溫杯。

給娃團購＋搶購了五位數的才藝班，覺得自己撿了大便宜開心一整天；為參加婚禮買件千元小裙子，心裡掙扎了一下午。

在哭窮這件事上，誰也打不過中年人。

如果你問她天天過著揮金如土的日子，到底窮在哪裡？

她會告訴你，「你生個娃試試，不行，再生一個。」

十三說

「我用的是不是最好的」已經不在考慮範圍內，「孩子用的都是最好的」才是這居媽媽思考的重點。有點可悲的是，有很多時候，不是我們要不要給孩子選更好的、更貴的，而是我們不得不做出某種選擇。

在我身邊，幾乎沒有發現過從沒給孩子報過任何才藝班、課外輔導班的家長。當我在孩子小時候信誓旦旦說絕不給孩子報補習班的時候，真的沒有意識到我處在一個幾乎被人推著前行的世界。到了某個時候你就會知道，有些錢不是你想不想花，而是你什麼時候花，或早或晚，總是要花的。

—8—

最勵志的女人，就是把自己做好

生活給我們的每一次苦頭，都是甜品上來之前的小伏筆。

別看中年婦女體重穩定持續走高，但卻愈來愈容易「飄」。

前些天孩子學校的科技節，一個全職媽媽為了參與親子主題，一天時間內把「世界算法演變史和5G的發展」撰寫成中英文雙語展示報告而被大家競相誇獎，這位媽媽眉目間露出的「飄」的神情，藏也藏不住。

能讓自己「飄」起來的最好方法，就是把自己變成更好的自己。

我和身邊很多媽媽都有過這樣的想法：如果說有一件事情是可以讓自己春開二度、永不凋謝、備受關注、存在感節節提升的，那這件事一定是件不容易且高級的事，小到隨手能做出高中物理競賽題，大到取得驚人的成績，重新走上人生巔峰。

關於這一點，我其實很有體會。

今年中秋節，我收到了大大小小的禮物，粗略數了數有三十多件，除了月餅還有一些小紀念品和周邊禮品，送我禮物的人來自跨界的好多個領域，其中不乏在若干年前令我仰視，不敢想像有一天會認識的大咖。

幾年前，當我還沒有開始寫粉絲頁時，很多大咖是我眼中高山仰止的存在，是我的偶像，是我認為這輩子只能仰視而不可能平行的人物。

經過兩年多沒日沒夜一個人的死拚，我從無人問津、沒人關心的小網路寫手，成長到了可以和那些曾經仰望著的大咖交朋友的高度。

當從一個以前不敢和他說話的人口中聽到他對我說「我很喜歡看你的文章」時，我覺得一切的辛酸付出都很值得了。

現在，他們把我當朋友，也經常分享他們認為好的東西給我。我從一個在他們面前感到自卑和怯懦的普通中年婦女，變成了充滿自信地與他們探討各自的內心世界的不普通的中年婦女，其中的跨度，是我認為最勵志的一種攀爬。

過去的一兩年中，我把自己的事業做了起來，成為大眾口中的網紅（ＫＯＬ，Key Opinion Leader）。在某個領域，成了引領風向和獨樹一幟的招牌，有讚美有詆毀，也碰到了以前碰不到的煩心事和煩心人，但這一切都無法改變一個事實：**年齡不會扯我的後腿。**

我從三十五歲開始進入自媒體的圈子，在這個關注者的平均年齡二十多的平台裡，我是一個看起來不太和諧，也不太可能出頭的人。但所有曾經告訴我「不會出頭」的人，每年我都會給他們一次集體打臉的機會，我沒有驕傲，我是在證明，也給其他一些瞻前顧後、因為年齡問題而不敢起步、覺得專業不在此不敢嘗試、擔心能力不夠而不肯學的中年女性一個很好的示範。

最近，我從一個默默的網路寫作者，逐漸被關注者和喜愛者托出水面，走向了更多的圈子。雖然感覺非常莫名（領域不一樣），但我很感激也很欣喜我會被邀請參與到時尚界、旅遊界、娛樂界的一些活動中。我問自己：為什麼作為一個不是圈中的中年婦女，我會被他們關注和喜愛呢？

也許我的作品是原因，但比起「作品」帶來的作用，更重要的是我作為一個「人」的精神力量吧。我做粉絲頁後認識了很多朋友，我們彼此認定對方的方式是「你是否努力和有開創精神」，而不是看「你很會賺錢」或「你擁有很多粉絲」。

在很多時候，「努力」是不需要你來宣布的，別人會透過你的故事、你的經歷、你的成果去感受，甚至換位思考去體驗，然後對你由衷感到敬佩。

其實若三年前我沒有註冊帳號成為一個自媒體人，我的人生軌跡會在另一個方向向上，完全不同。找對路非常重要，但努力做好在這條路上的自己，才是最最重要和核心的。

最近有朋友問我，說想開抖音帳號，但有點怕做得不好被人笑話。我跟她說了兩點：

第一，愈有功利心，愈做不好。
第二，想好就做，愈拖愈完蛋。

以前如果我這樣勸她，可能會被認為抱著一種「看熱鬧不嫌事大」的心態，但如今我說這話帶著近乎權威的自信，她相信我給的建議，因為我就是一個最好的例子。

勵志的中年女人，不是靠嘴巴說，也不是靠講別人的故事，最勵志的事就是用自己的經歷舉證；最勵志的事，就是把自己做好。

十三說

大多數女人在結婚生子之後，不是沒有動力進步，而是被時間和瑣事拖垮，這是一個很大的現實障礙。我也認識不少原本很出色的職場女性，在當媽之後不再追求事業上的進步，甚至辭職了。這是每個人的不同選擇，無可厚非。但我總覺得，你可以在形式上對生活進行任何改變，比如從職場回歸家庭，比如把繁忙從事工作變成重心傾向家庭，但無論怎樣變化，內核的「追求」是不能變的，那就是一種精神上的持續嚮往。

有很多媽媽覺得照顧孩子和應付生活已經讓人心力交瘁，怎麼還有工夫去追求自己的精神嚮往呢？她們錯誤地以為追求精神富足是一件麻煩和拖累的事情，其實恰恰相反，用精神的不斷升級來充盈自己之後，當你面對那些糟粕和雞毛的事情時，會更遊刃有餘。**生活給我們的每一次苦頭，都是甜品上來之前的小伏筆。**就像我每一次在嬉笑怒罵中演繹著的女性百態，何嘗不是由曾經親身經歷過的各種小失望、創痛、灰心和沮喪堆砌而成，而我在追求新的事業和成就的過程中，卻能把那些過去的灰色幻化成彩色，一笑而過，帶著豁達和期待，也可以引領很多有著共同內心經歷的姊妹一起追尋不一樣的人生體驗。

這是一種**莫大的快樂，來自生活，來自好的、不好的經歷，來自自己的選擇。**

國家圖書館預行編目資料

了不起的中年婦女／格十三著. --初版. --臺北市：寶瓶文化, 2020.4, 面； 公分. --(Vision；194)
ISBN 978-986-406-186-0(平裝)
1.女性 2.兩性關係 3.生活指導

544.5 109003188

Vision 194

了不起的中年婦女

作者／格十三

發行人／張寶琴
社長兼總編輯／朱亞君
副總編輯／張純玲
資深編輯／丁慧瑋 編輯／林婕伃
美術主編／林慧雯
校對／丁慧瑋・陳佩伶・劉素芬
營銷部主任／林歆婕 業務專員／林裕翔 企劃專員／李祉萱
財務主任／歐素琪
出版者／寶瓶文化事業股份有限公司
地址／台北市110信義區基隆路一段180號8樓
電話／(02)27494988 傳真／(02)27495072
郵政劃撥／19446403 寶瓶文化事業股份有限公司
印刷廠／世和印製企業有限公司
總經銷／大和書報圖書股份有限公司 電話／(02)89902588
地址／新北市五股工業區五工五路2號 傳真／(02)22997900
E-mail／aquarius@udngroup.com

著作完成日期／二〇二〇年二月
初版一刷日期／二〇二〇年四月
初版二刷日期／二〇二〇年四月二十二日
ISBN／978-986-406-186-0
定價／三七〇元

《了不起的中年婦女》
格十三 著
中文繁體字版©2020年由寶瓶文化事業股份有限公司發行
本書經人民東方出版傳媒有限公司授權，同意經RINCH INTERNATIONAL CO., LTD代理，
由寶瓶文化事業股份有限公司出版中文繁體字版本。

愛書人卡

感謝您熱心的為我們填寫，
對您的意見，我們會認真的加以參考，
希望寶瓶文化推出的每一本書，都能得到您的肯定與永遠的支持。

系列：Vision 194　**書名：了不起的中年婦女**

1.姓名：＿＿＿＿＿＿＿＿　性別：□男　□女

2.生日：＿＿＿年＿＿＿月＿＿＿日

3.教育程度：□大學以上　□大學　□專科　□高中、高職　□高中職以下

4.職業：＿＿＿＿＿＿＿

5.聯絡地址：＿＿＿＿＿＿＿＿＿＿＿＿＿＿＿＿＿＿＿＿

聯絡電話：＿＿＿＿＿＿＿＿　手機：＿＿＿＿＿＿＿＿

6.E-mail信箱：＿＿＿＿＿＿＿＿＿＿＿＿＿＿

□同意　□不同意　免費獲得寶瓶文化叢書訊息

7.購買日期：＿＿＿年＿＿＿月＿＿＿日

8.您得知本書的管道：□報紙／雜誌　□電視／電台　□親友介紹　□逛書店　□網路　□傳單／海報　□廣告　□其他

9.您在哪裡買到本書：□書店，店名＿＿＿＿＿　□劃撥　□現場活動　□贈書

□網路購書，網站名稱：＿＿＿＿＿＿＿　□其他＿＿＿＿＿

10.對本書的建議：（請填代號　1.滿意　2.尚可　3.再改進，請提供意見）

內容：＿＿＿＿＿＿＿＿＿＿＿＿

封面：＿＿＿＿＿＿＿＿＿＿＿＿

編排：＿＿＿＿＿＿＿＿＿＿＿＿

其他：＿＿＿＿＿＿＿＿＿＿＿＿

綜合意見：＿＿＿＿＿＿＿＿＿＿＿＿＿＿＿＿＿＿＿＿＿＿＿＿

11.希望我們未來出版哪一類的書籍：＿＿＿＿＿＿＿＿＿＿＿＿＿＿＿＿

讓文字與書寫的聲音大鳴大放

寶瓶文化事業股份有限公司

（請沿此虛線剪下）

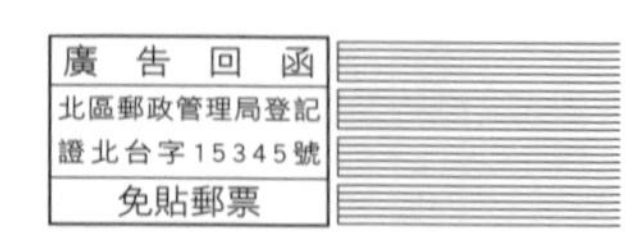

寶瓶文化事業股份有限公司 收
110台北市信義區基隆路一段180號8樓
8F,180 KEELUNG RD.,SEC.1,
TAIPEI.(110)TAIWAN R.O.C.

（請沿虛線對折後寄回，或傳真至02-27495072。謝謝）